浙江省普通高校"十三五"新形态教材

高职高专电子商务类专业规划教材——电子商务系列

商务网站建设

张仕军　主编

电子工业出版社

Publishing House of Electronics Industry

北京·BEIJING

内 容 简 介

"商务网站建设"是高职院校电子商务专业的一门实践类专业主干课程,它对于培养学生的商务网站建设、管理、推广与维护能力具有重要的作用。编者结合多年在商务网站建设方面的教学经验及企业网站的设计开发经验,根据"项目导向、任务驱动、学做合一"的思路组织全书内容。

本书将"绍兴吴越商贸机械有限公司"这个商务网站作为教材编写的项目,根据商务网站设计的思路将整个网站分成 8 个项目,每个项目完成 2 ~ 4 个任务,这些任务将 IIS(Internet 信息服务)、Access(网络数据库),以及 ASP(Active Server Pages 编程语言)的主要知识贯穿起来,形成一个较完整的体系。教材的每个任务都以任务表单的形式呈现,按"任务引出""作品预览""实践操作""问题探索""知识拓展"的思路组织内容,充分体现项目导向、任务驱动的教学改革理念。

本书可以作为高等职业学院电子商务类专业的课程教材,也可以作为网站制作爱好者的参考用书。教材配有相关的操作视频,在教材使用过程中可作为参考。

图书在版编目(CIP)数据

商务网站建设 / 张仕军主编 . —北京:电子工业出版社,2019.10
ISBN 978-7-121-37551-4

Ⅰ.①商⋯　Ⅱ.①张⋯　Ⅲ.①电子商务—网站—建设
—高等学校—教材　Ⅳ.① F713.36 ② TP393.092

中国版本图书馆 CIP 数据核字(2019)第 213888 号

责任编辑:贺志洪
文字编辑:靳　平
印　　刷:河北虎彩印刷有限公司
装　　订:河北虎彩印刷有限公司
出版发行:电子工业出版社
　　　　　北京市海淀区万寿路 173 信箱　邮编 100036
开　　本:787×1092　1/16　印张:10.25　字数:262.4 千字
版　　次:2019 年 10 月第 1 版
印　　次:2025 年 7 月第 5 次印刷
定　　价:29.00 元

凡所购买电子工业出版社图书有缺损问题,请向购买书店调换。若书店售缺,请与本社发行部联系,联系及邮购电话:(010)88254888,88258888。

质量投诉请发邮件至 zlts@phei.com.cn,盗版侵权举报请发邮件至 dbqq@phei.com.cn。

本书咨询联系方式:(010)88254609 或 hzh@phei.com.cn。

前　言

　　电子商务作为一种崭新的商务运作模式，现已显现出巨大的现代商业价值，企业发展自己的电子商务，建立自己的电子商务网站已经势在必行。从亚马逊网到当当网，再到卓越网、淘宝网，从一个又一个电子商务网站运营的成功案例，可以看出商务网站已经成为企业发展的重要组成部分。本书根据职业教育教学改革的精神，结合自身多年在商务网站建设方面的教学经验及企业网站的设计开发经验，以典型实例"浙江吴越商贸机械有限公司"网站的整体开发过程为主线，全面系统地介绍了电子商务网站开发的一系列操作方法和技巧。

　　在众多的电子商务网站开发方案中，由微软公司推出的 IIS（Internet Information Serveices，Internet 信息服务）+ASP（Active Server Pages 编程语言）+Access（网络数据库）的组合方案得到了广泛的应用。目前，IIS+ASP+Access 已成为中小型企业电子商务网站建设的首选方案。在本书中，我们将利用 IIS+ASP+Access 完成"浙江吴越商贸机械有限公司"网站的整体开发过程，并将电子商务网站建设的知识点与技能融入实例中，通过实例操作来学习电子商务网站的开发方法与技巧。

　　本书基于"项目导向、任务驱动、学做合一"的编写思路，设置 8 个项目、21 个任务。内容包括商务网站开发环境构建、商务网站的整体策划、网络数据库的配置与使用、会员注册登录功能制作、网站新闻管理功能开发、网站产品发布功能制作、商务网站其他功能开发和商务网站的发布与管理。每个项目中都包含了 2 ~ 4 个任务，项目的开始通过"项目导航"的方式来引入本项目的相关内容，项目的结尾通过"项目知识梳理与总结"环节来对本项目的内容进行概括总结，以帮助读者进一步理解该项目。同时在每个任务的编写过程中，均按"任务引出""作品预览""实践操作""问题探索""知识拓展"的思路组织内容，帮助读者进一步认识、掌握课程内容。

　　本书以"电子商务网站开发"为中心展开，通过"浙江吴越商贸机械有限公司"网站的开发过程，提供大量的系统（模块）开发实例，这些系统（模块）主要包括商务网站的前台设计、商务网站后台管理系统、会员注册 / 登录系统、新闻发布 / 修改 / 删除系统、产品发布 / 修改 / 删除系统、网站计数器系统、留言板系统等。本书所有项目任务均面向当前热门的网络应用技术，内容深入浅出，循序渐进，可操作性强，系统而具体。通过本书的学习，相信读者能够全面地了解和掌握电子商务网站的整体开发方法与技巧。

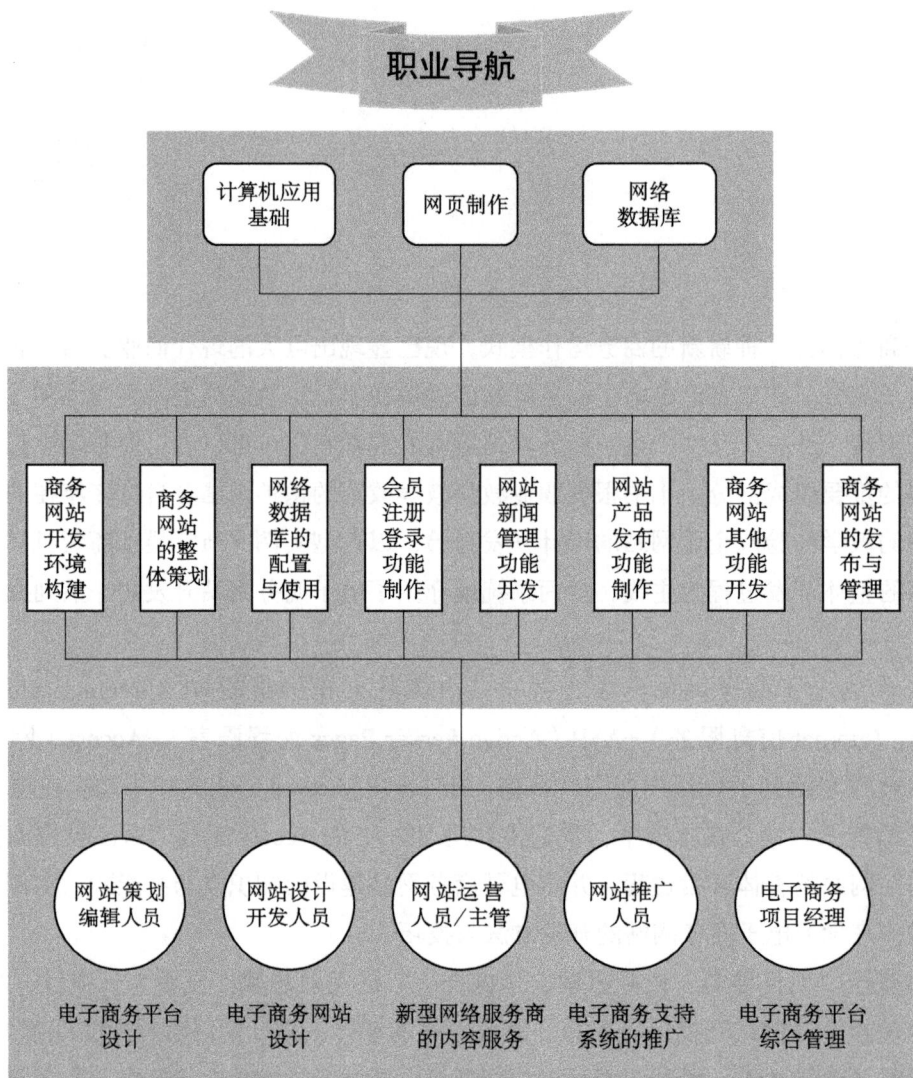

职业导航

计算机应用基础　　网页制作　　网络数据库

商务网站开发环境构建　商务网站的整体策划　网络数据库的配置与使用　会员注册登录功能制作　网站新闻管理功能开发　网站产品发布功能制作　商务网站其他功能开发　商务网站的发布与管理

网站策划编辑人员　网站设计开发人员　网站运营人员/主管　网站推广人员　电子商务项目经理

电子商务平台设计　电子商务网站设计　新型网络服务商的内容服务　电子商务支持系统的推广　电子商务平台综合管理

编　者

目　录

商务网站开发环境构建

实训目的

　　掌握商务 IIS 的安装过程与方法，了解 IIS 的配置，掌握虚拟目录创建，掌握 Dreamweaver 中定义站点的方法。

　　实训重点： IIS 的安装、虚拟目录创建，利用 Dreamweaver 定义站点。

　　学习难点： IIS 属性的设置、Dreamweaver 中站点参数的含义。

项目导航

　　在目前中小企业商务网站的开发工具中，ASP+Access+Dreamweaver 的方案成为众多方案的首选。而在开发商务网站时，首要的任务则是构建商务网站开发环境。本项目将在 Dreamweaver 的平台上进行 ASP 开发环境的构建，主要包含 IIS 服务器的配置与安装、Dreamweaver 站点的定义。

任务一　安装与配置IIS服务器

任务引出

　　Windows 2000 Server 系统在安装的过程中会自动安装 IIS5.0（Internet Information Server，互联网信息服务），而 Windows 2000 Professional 和 Windows XP 系统则不会，必须用添加 Windows 组件的方式另行安装。

　　本任务主要的内容是在 Windows XP、Windows 10 系统中完成 IIS 服务器的安装与配置。

作品预览

用户在 Web 主页地址栏中输入 http://127.0.0.1 或 http://localhost/。

如果安装成功，就会出现如图 1-1 和图 1-2 所示两个网页，如果没有出现就证明安装失败，需要重新安装。

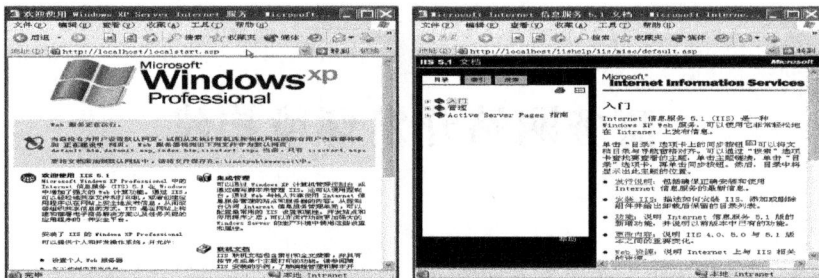

图 1-1　IIS 默认的网页（Windows XP）

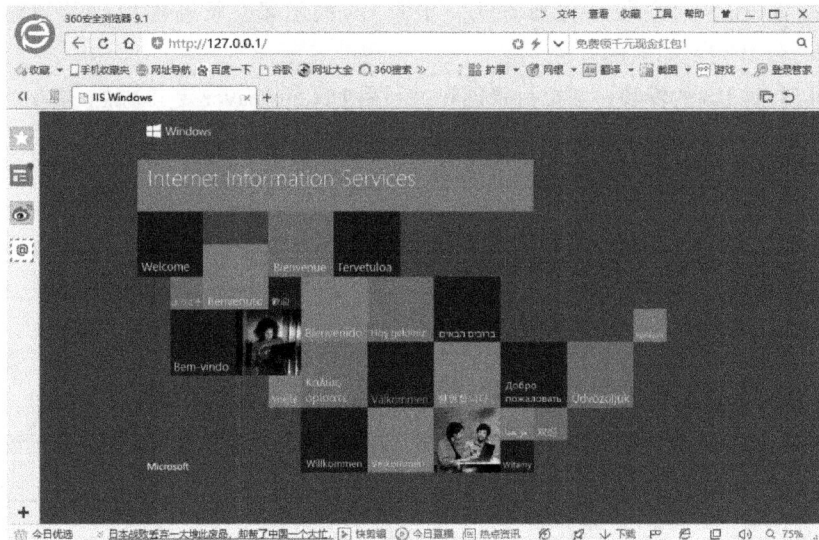

图 1-2　IIS 默认的网页（Windows 10）

实践操作

一、在 Windows XP 系统中添加 IIS

1．安装 IIS

安装 IIS 的步骤如下：

（1）从桌面的"开始"菜单中选择"控制面板"，打开"控制面板"。双击"添加或删除程序"图标，打开"添加或删除程序"对话框。

（2）用鼠标单击左边的"添加/删除 Windows 组件"图标，打开"Windows 组件向导"，如图 1-3 所示。

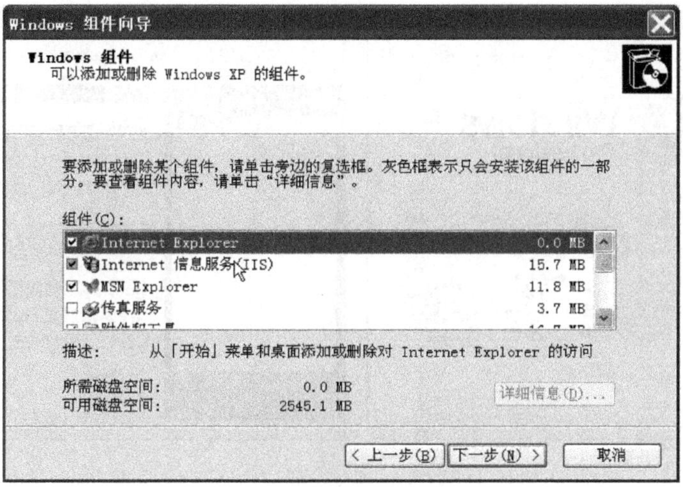

图 1-3　Windows 组件向导

若"组件"列表中没有选中"Internet 信息服务（IIS）"选项，那选中它，单击"下一步"按钮，组件向导即开始安装所选组件。在安装向导的最后一页单击"完成"按钮，完成组件的安装。

2．Internet 信息服务器查看

在"控制面板"中双击"管理工具"图标，打开"管理工具"对话框，在其中双击"Internet 信息服务"图标，打开"Internet 信息服务"窗口，如图 1-4 所示。

图 1-4　"Internet 信息服务"窗口

3．测试 IIS

激活浏览器，在地址栏中输入本机的网址 http://127.0.0.1 或 http://localhost/。

如果网址输入正确，浏览器将打开 IIS 默认的网页，如图 1-5（a）所示，并同时打开 IIS 5.1 帮助文档，如图 1-5（b）所示。

（a） （b）

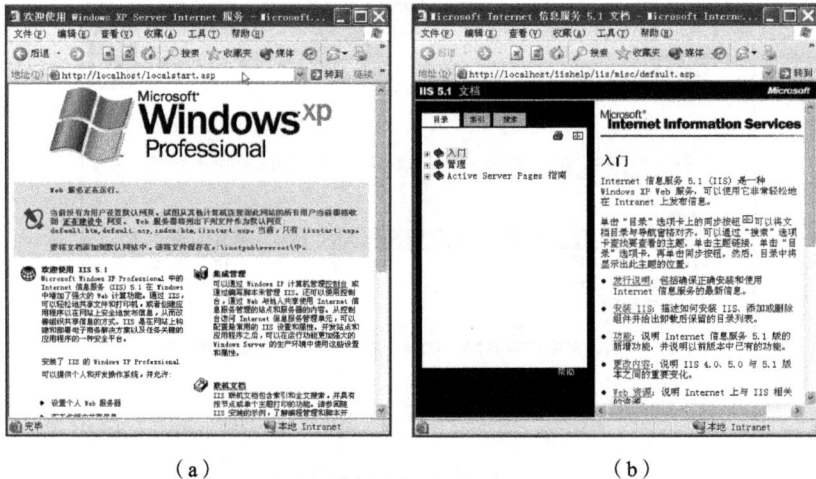

图 1-5　IIS 默认的网页

4．设置虚拟目录

在"Internet 信息服务"窗口中，用鼠标右击默认网站，在弹出的快捷菜单中选择"新建"→"虚拟目录"命令，打开"虚拟目录创建向导"，如图 1-6（a）所示。单击"下一步"按钮，打开"虚拟目录别名"对话框，如图 1-6（b）所示。

（a） （b）

图 1-6　虚拟目录创建向导

在"虚拟目录别名"对话框中输入别名"myasp"，并单击"下一步"按钮。在打开的"网站内容目录"对话框中输入或通过单击"浏览"按钮找到要发布到网站上的内容的位置——服务器中的真实目录（以工作目录 D:\ASP 为例），然后在打开的"访问权限"对话框中增加该目录开放的权限：选中"执行"复选框，这样可以使服务器能够运行 ASP 应用程序。

假设实际目录（D:\ASP）下有文件 1.asp，则可以在地址栏中输入 http://localhost/myasp/1.asp。

二、在 Windows 10 系统中添加 IIS

Windows 10 系统内置了最新的 IIS6，那么 IIS6 要如何安装配置和使用呢？在 IIS6 下 ASP 又该如何配置呢？相关操作步骤介绍如下。

（1）进入 Windows 10 的控制面板，选择"程序"然后单击"程序和功能"，在界面的左侧选择"启用或关闭 Windows 功能"，如图 1-7 所示，然后在出现的列表中选择 IIS6（相关设置见图 1-8），最后单击"确定"按钮（注意：把"Internet Information Services"中的子栏目前面的复选框都勾上）。

（2）安装完成后，再次进入控制面板，选择"管理工具"，双击"Internet Information Services(IIS) 管理器"选项，如图 1-9 所示，进入"Internet Information Services(IIS) 管理器"设置界面，如图 1-10 所示。

IIS 的安装

（3）选择"Default Web Site"，并双击"ASP"选项，如图 1-11 所示。

（4）IIS 中 ASP 父路径是没有启用的，要开启父路径，在"启用父路径"的右侧选择"True"即可，如图 1-12 所示。

（5）配置 IIS 的站点，如图 1-13 所示。单击右边的"浏览"选项，可以查看站点目录中的文件。单击右边的"编辑权限"选项，弹出默认站点文件夹的设置界面，如图 1-14 所示。单击图 1-13 右边的"绑定"选项，弹出网站绑定界面，在该界面中可以设置网站的端口号，如图 1-15 所示。单击图 1-13 右边的"基本设置"选项，弹出编辑网站界面，在该界面中可以设置网站的物理路径，如图 1-16 所示。单击图 1-13 右边的"浏览 *：80（http）"选项，可以预览网页。单击图 1-13 右边的"高级设置"选项，在弹出的界面中可以设置网站的目录，如图 1-17 所示。

（6）在 IIS 管理器的设置界面中双击"默认文档"选项（见图 1-13），设置网站的默认文档，如图 1-18 所示。

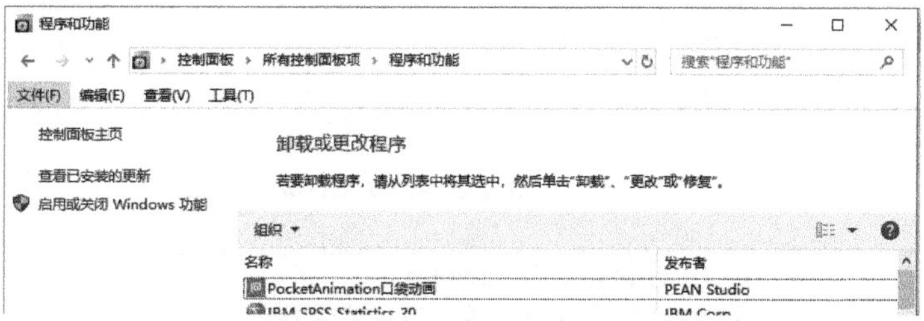

图 1-7　启用或关闭 Windows 功能

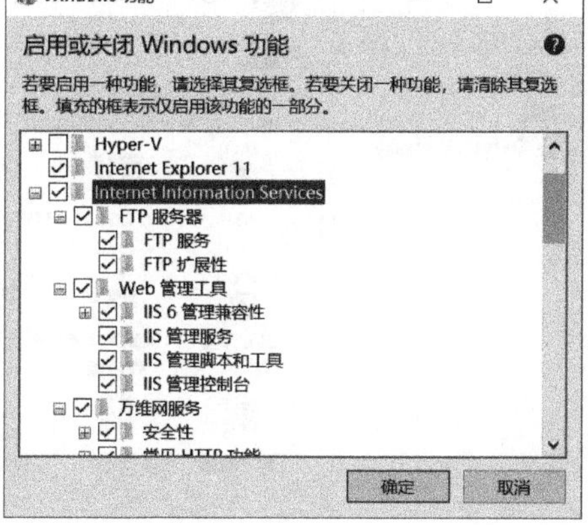

图 1-8　选择"Internet Information Services"（信息服务）里面的相关内容

图 1-9　IIS 管理器

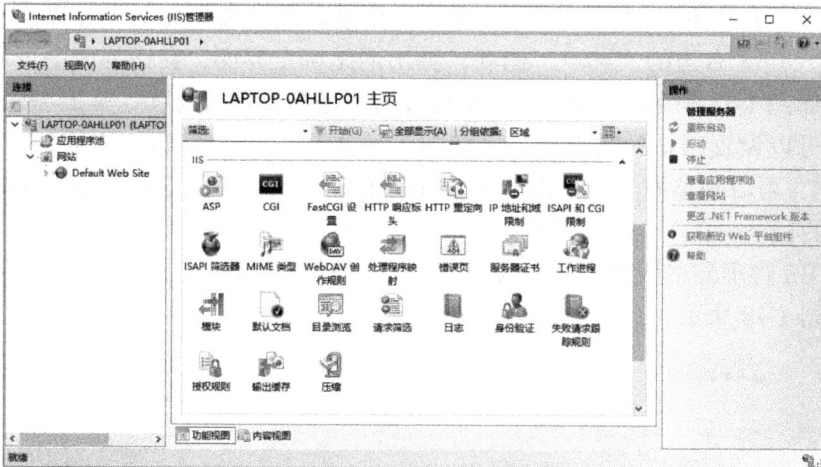

图 1-10　IIS 管理器的设置界面

图 1-11　IIS 管理器中的 "ASP" 选项

图 1-12 启用 ASP 父路径选项

图 1-13 IIS 站点设置界面

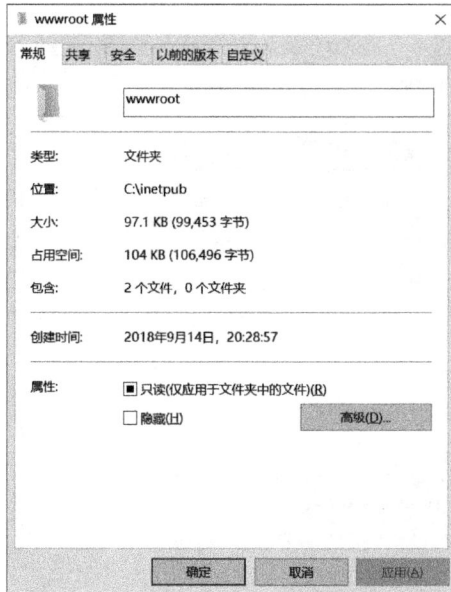

图 1-14 默认站点文件夹的设置界面

图 1-15　设置网站的端口号

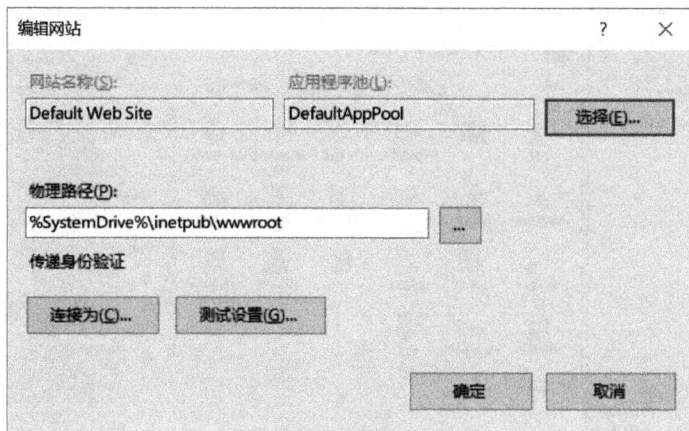

图 1-16　编辑网站界面

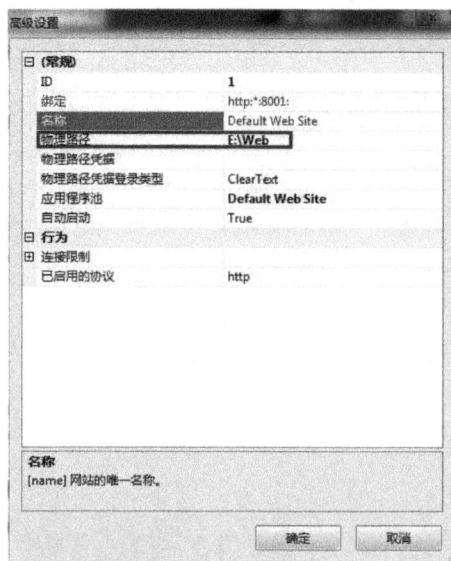

图 1-17　设置网站的目录

图 1-18　设置网站的默认文档

至此，Windows 10 系统中的 IIS 设置已经基本完成了，ASP+Access 程序可以调试成功，让同一局域网中的人也能访问自己计算机上的网站。

问题探索：IIS 服务器安全安装与配置方法

IIS 虽然好用，但在默认安装的情况下，它也有很多的安全漏洞，包括著名的 Unicode 漏洞和 CGI 漏洞，因此在 IIS 安装完成之后，建议继续在微软公司主页上下载安装它们所提供的安全漏洞补丁 SP1 和 SP2。此外，还建议将磁盘的文件系统转换成 NTFS 格式，可在安装系统的分区时转换，也可在安装完系统后用 PQMagic 等工具进行转换。另外在进行 IIS 服务器安装和配置时要注意以下的问题。

1. IIS 安全安装注意事项

（1）不要将 IIS 安装在系统分区上。

（2）修改 IIS 的默认安装路径。

（3）打上 Windows 和 IIS 的最新补丁。

2. IIS 的安全配置

（1）删除不必要的虚拟目录，如 IISHelp、IISAdmin、IISSamples、MSADC 等没用的可直接删除。

（2）删除危险的 IIS 组件。

（3）为 IIS 中的文件分类设置权限。

除了在操作系统中为 IIS 的文件设置必要的权限，还要在 IIS 管理器中为它们设置权限。一个好的设置策略是：为 Web 站点上不同类型的文件都建立目录，然后给它们分配适当权限。

（4）删除不必要的应用程序映射。

默认存在很多种应用程序映射，除了 ASP 这个程序映射，其他的文件在网站上都很少用到。在 IIS 管理器窗口中，右击网站目录，在弹出的快捷菜单中选择"属性"命令，在打开的对话框的"主目录"选项卡中单击"配置"按钮，弹出"应用程序配置"对话框，在"应用程序映射"选项卡中，删除无用的程序映射。

（5）保护日志安全。

①修改 IIS 日志的存放路径。在 IIS 管理器窗口中，右击网站目录，在弹出的快捷菜单中选择"属性"命令，在打开的"Web 站点"对话框中，选中"启用日志记录"选项，单击旁边的"属性"按钮，在"常规属性"页面中，单击"浏览"按钮或者直接在输入框中输入日志存放路径即可。

②修改日志访问权限，设置只有管理员才能访问。

知识拓展：静态网页技术与动态网页技术

在网站设计中，纯粹 HTML 格式的网页通常被称为"静态网页"，早期的网站一般都是由静态网页制作的。

静态网页的网址形式是以 .htm、.html、.shtml、.xml 等为后缀的。在 HTML 格式的网页上，也可以出现各种动态的效果，如 .gif 格式的动画、Flash 动画、滚动字母等，这些"动态效果"只是视觉上的，与动态网页是不同的概念。

静态网页有以下的特点：

（1）静态网页中每个网页都有一个固定的 URL，且网页 URL 以 .htm、.html、.shtml 等常见形式为后缀，而不含有"？"。

（2）网页内容一经发布到网站服务器上，无论是否有用户访问，每个静态网页的内容都是保存在网站服务器上的，也就是说，静态网页是实实在在保存在服务器上的文件，每个网页都是一个独立的文件。

（3）静态网页的内容相对稳定，因此容易被搜索引擎检索。

（4）静态网页没有数据库的支持，在网站制作和维护方面工作量较大，因此当网站信息量很大时完全依靠静态网页制作方式比较困难。

（5）静态网页的交互性较差，在功能方面有较大的限制。

动态网页是与静态网页相对应的，也就是说，网页 URL 不固定，能通过后台与用户交互，完成用户查询、提交等动作。

动态网页技术有以下几个特点：

（1）"交互性"，即网页会根据用户的要求和选择而动态改变和响应，将浏览器作为客户端界面，这将是今后 Web 发展的大势所趋。

（2）"自动更新"，即无须手动更新 HTML 文档，便会自动生成新的页面，可以大大节省工作量。

（3）"因时因人而变"，即当不同的时间，不同的人访问同一网址时会产生不同的页面。

除了早期的 CGI，目前主流的动态网页技术有 JSP、ASP、PHP 等。

小 结

IIS 是一种 Web（网页）服务组件，其中包括 Web 服务器、FTP 服务器、NNTP 服务器和 SMTP 服务器，分别用于网页浏览、文件传输、新闻服务和邮件发送等方面，它使得在网络（包括互联网和局域网）上发布信息成了一件很容易的事。

通过本任务的学习，学生掌握了商务网站环境中 IIS 的安装过程与方法，了解 IIS 的配置，并掌握虚拟目录的创建方法。

思考题

1. 根据计算机的操作系统的不同类型，构建服务器的不同配置。
2. 如何给自己的文件夹创建一个虚拟目录？

任务二　ASP动态网站站点定义

任务引出

在开始使用 Dreamweaver 之前，一般应该先建立一个 Web 站点，动态网站站点的创建需要在 IIS 中和 Dreamweaver 软件中共同设置完成。因为如果不先建立一个站点，那么有很多效果是不能实现的。比如要建立一个与数据库连接的动态页面，必须先建立一个站点，否则将不能建立与数据库的连接，不能实现与数据库的动态交互，这个动态页面也就不能称为动态页面了。如果在 Web 服务器上已经建有一个站点，则可以使用 Dreamweaver 来编辑和修改该站点。

在本任务中，将利用 IIS 和 Dreamweaver 软件来完成"浙江吴越商贸机械有限公司"站点的定义。

作品预览

在 IIS 和 Dreamweaver 软件中共同设置，建立一个名为"浙江吴越商贸机械有限公司"的站点，具体效果如图 1-19 和图 1-20 所示。

图 1-19　在 IIS 中创建"swwzjs"虚拟目录

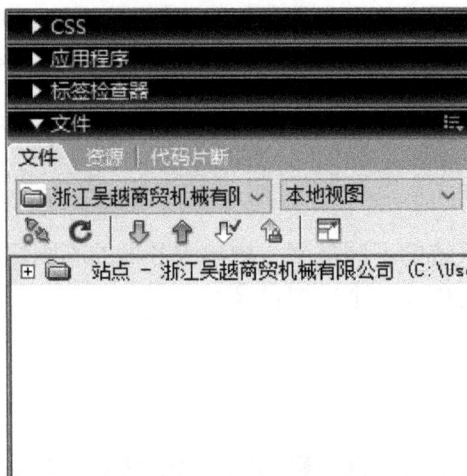

图 1-20　在 Dreamweaver 中创建 "浙江吴越商贸机械有限公司" 站点

实践操作

动态网站站点的创建需要在 IIS 中创建虚拟目录，同时要在 Dreamweaver 软件中创建相对应的站点，这样动态网站站点的创建才算完成。具体的操作过程如下。

动态网站站点创建

1. 在 IIS 中创建 "swwzjs" 虚拟目录

（1）打开 IIS 管理器。以 Windows10 系统为例，打开 "控制面板" 界面，如图 1-21 所示，单击 "系统和安全" 选项，打开 "系统和安全" 界面，如图 1-22 所示。找到 "管理工具" 并单击，打开 "管理工具" 界面，如图 1-23 所示。在 "管理工具" 界面中，双击 "Internet Information Services (IIS) 管理器"，即可打开 IIS 管理器界面，如图 1-24 所示。

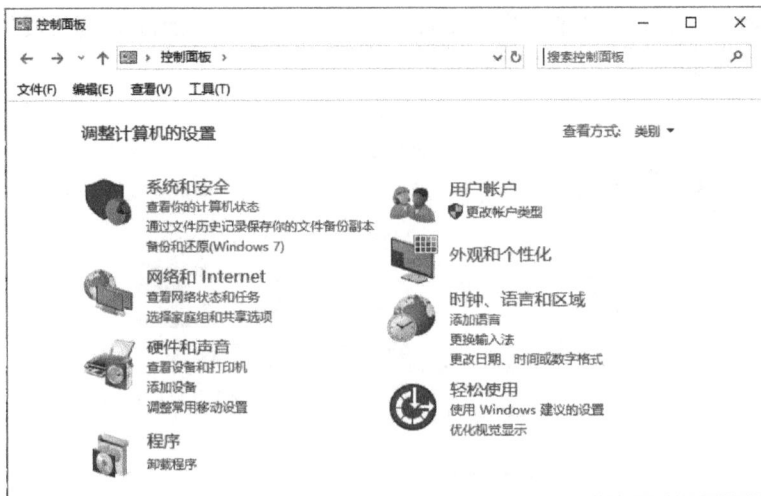

图 1-21　Windows 10 系统 "控制面板" 界面

图 1-22 "系统和安全"界面

图 1-23 "管理工具"界面

图 1-24 IIS 管理器界面

（2）在 IIS 管理器中创建虚拟目录。

①右击"Default Web Site"选项，在弹出的快捷菜单中选择"添加虚拟目录"选项，如图 1-25 所示。

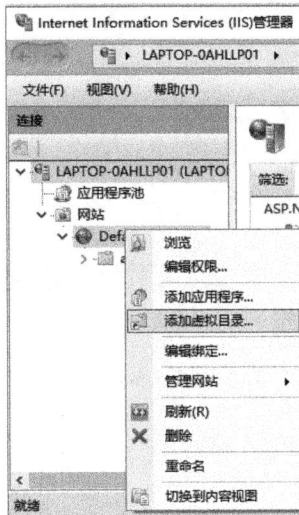

图 1-25　添加虚拟目录

②在打开的"添加虚拟目录"对话框中，设置"别名"和"物理路径"，如图 1-26 所示。单击"连接为"按钮，在弹出的对话框中选中"特定用户"，如图 1-27 所示。单击"设置"按钮，在打开的"设置凭据"对话框中，正确输入登录计算机操作系统时的"用户名""密码""确认密码"，如图 1-28 所示。设置完成之后，单击"确定"按钮，返回到"添加虚拟目录"对话框，单击"测试设置"按钮，在打开的"测试连接"对话框中可以看到测试的"身份验证"和"授权"均已经获得通过，如图 1-29 所示。

注意：使用 IIS 管理器创建虚拟目录时，计算机操作系统一定要设置登录账号和密码，否则"测试连接"对话框中的授权无法获得通过。

③单击"添加虚拟目录"对话框中的"确定"按钮，如图 1-26 所示，完成 IIS 管理器虚拟目录的创建。

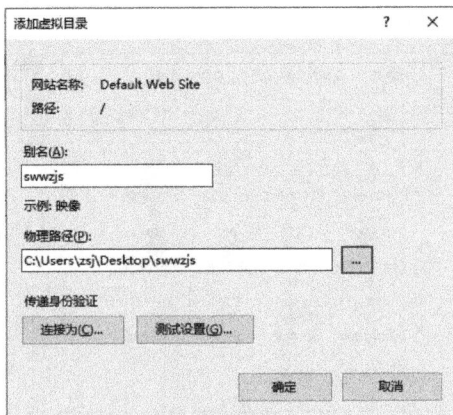

图 1-26　在"添加虚拟目录"对话框设置别名和物理路径

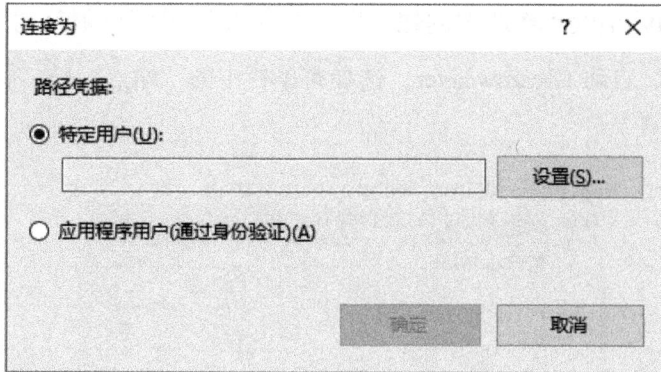

图 1-27　"连接为"对话框

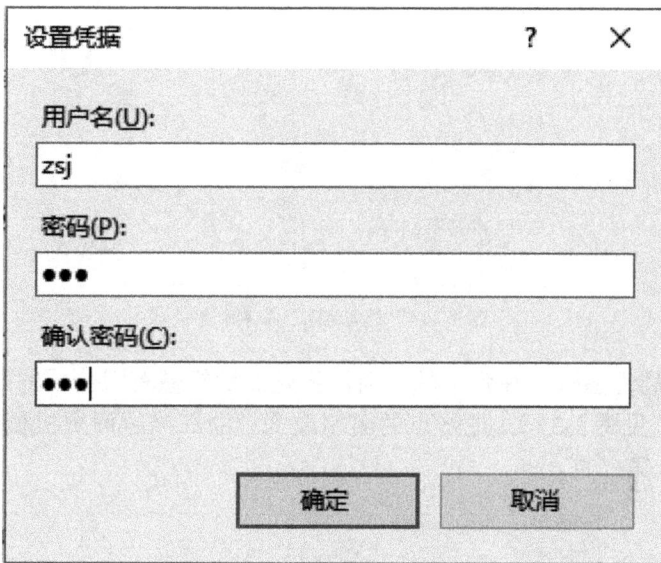

图 1-28　"设置凭据"对话框

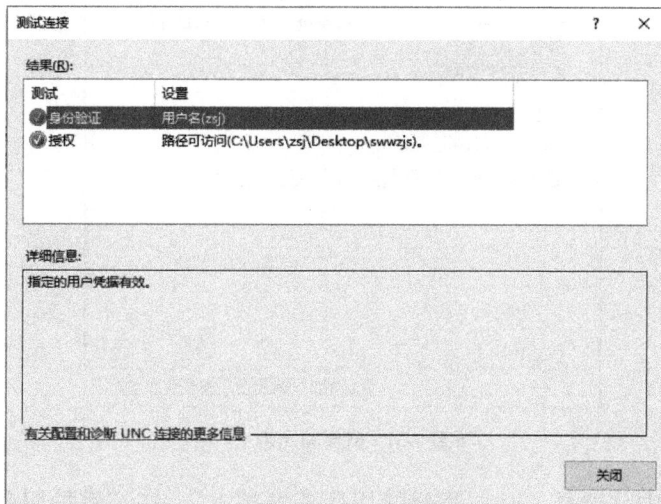

图 1-29　"测试连接"对话框

2. 在 Dreamweaver 软件中创建"浙江吴越商贸机械有限公司"站点

（1）新建站点。启动 Dreamweaver，选择菜单栏中的"站点"→"新建站点"菜单命令，如图 1-30 所示。

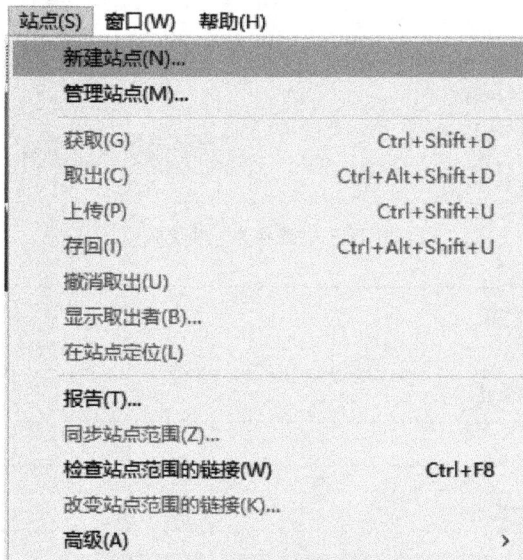

站点(S) 窗口(W) 帮助(H)	
新建站点(N)...	
管理站点(M)...	
获取(G)	Ctrl+Shift+D
取出(C)	Ctrl+Alt+Shift+D
上传(P)	Ctrl+Shift+U
存回(I)	Ctrl+Alt+Shift+U
撤消取出(U)	
显示取出者(B)...	
在站点定位(L)	
报告(T)...	
同步站点范围(Z)...	
检查站点范围的链接(W)	Ctrl+F8
改变站点范围的链接(K)...	
高级(A)	>

图 1-30 "新建站点"菜单命令

（2）设置站点属性参数。在弹出的"浙江吴越商贸机械有限公司的站点定义为"对话框的"编辑文件"（见图 1-31），把站点的名字改为"浙江吴越商贸机械有限公司"，单击"下一步"按钮进入第二页。

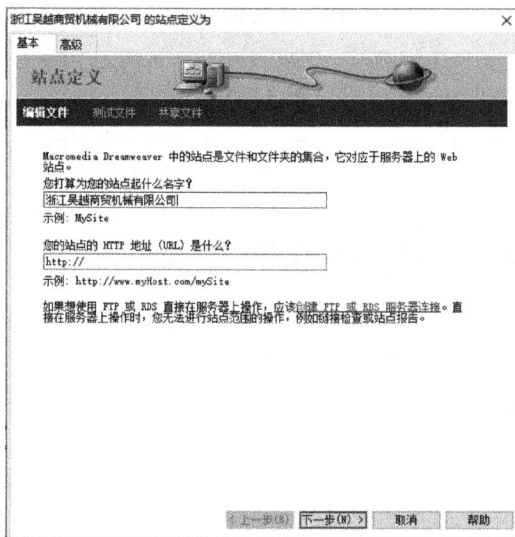

图 1-31 设置站点名字

（3）在第二页中，选择"是，我想使用服务器技术"，在"哪种服务器技术？"中选择"ASP VBScript"（见图 1-32），单击"下一步"按钮进入第三页。

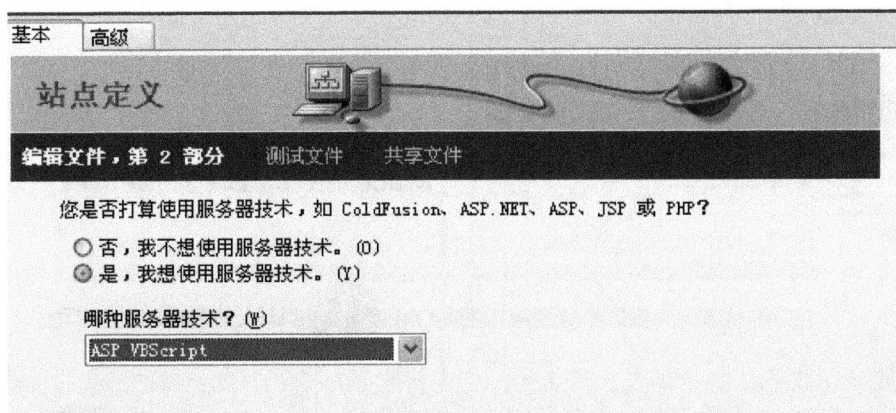

图 1-32　设置站点使用的服务器技术

（4）在第三页中，选择"在本地进行编辑和测试（我的测试服务器是这台计算机）"，并选择好存储文件的位置（见图 1-33），单击"下一步"按钮进入"测试文件"页面。

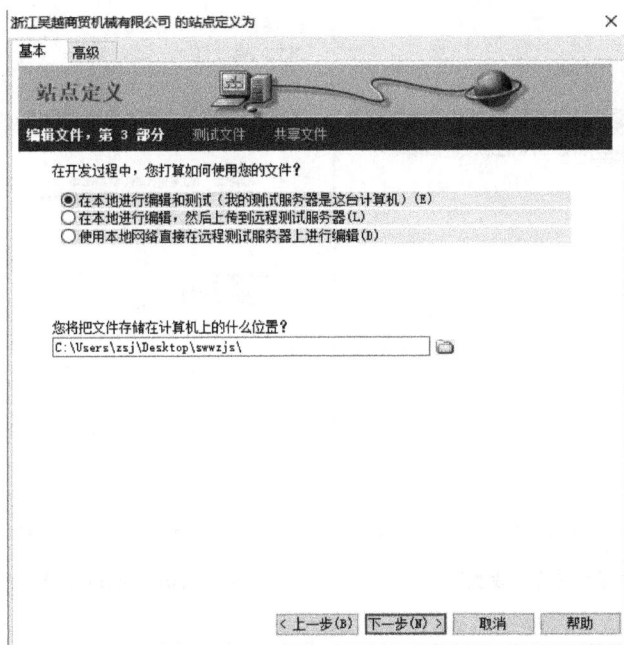

图 1-33　设置编辑和测试方式及文件存放的位置

（5）在"测试文件"页面中设置浏览站点的根目录，将虚拟目录的别名"swwzjs"加入到 URL 中，如图 1-34 所示。单击"测试 URL"按钮，若弹出"URL 前缀测试已成功"提示框，如图 1-35 所示，说明 Dreamweaver 站点设置与 IIS 管理器中创建的虚拟目录已经配对成功。

注意：在设置浏览站点的根目录时，一定要把前面 IIS 管理器中所创建的虚拟目录的别名加上去，否则可能会造成网站预览失败。

（6）单击"下一步"按钮，在"共享文件"页面中，选中"否"选项，如图 1-36 所示。

（7）单击"下一步"按钮，再单击"完成"按钮，完成 Dreamweaver 软件中站点的创建，如图 1-37 所示。

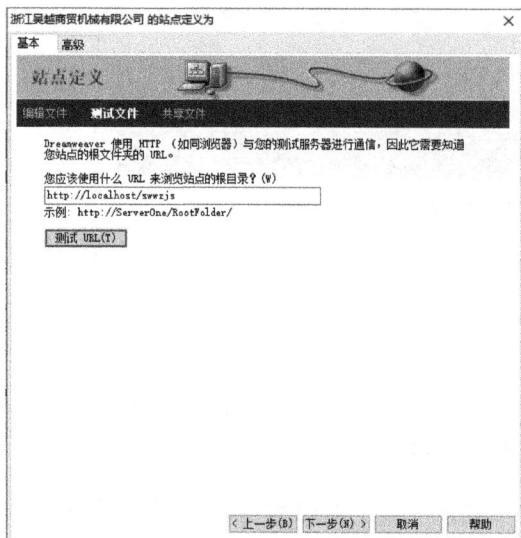

图 1-34　设置浏览站点的根目录

图 1-35　"URL 前缀测试已成功"提示框

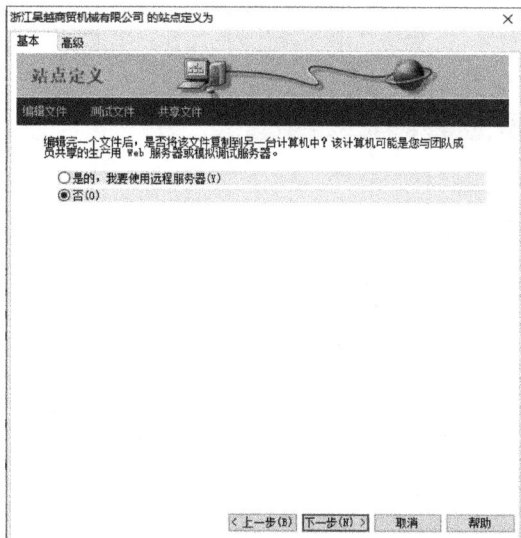

图 1-36　共享文件界面设置

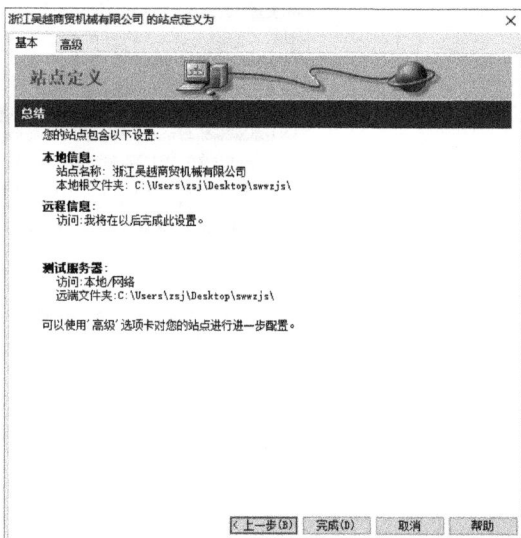

图 1-37　Dreamweaver 软件中站点定义完成界面

3. 站点测试

（1）打开 Dreamweaver 软件，选择"文件"→"新建"命令，在弹出的对话框中选择"动态页"，创建"ASP VBScript"页面（见图 1-38），把页面另存为"test.asp"。

（2）在"test.asp"页中，进行简单的设计，具体界面如图 1-39 所示，代码内容如图 1-40 所示。

（3）单击软件中"预览"按钮，预览效果如图 1-41 所示。刷新网页可以发现网页中的时间还会发生变化。这是由于用了一个 ASP 自带的内容函数 <%=now()%>。

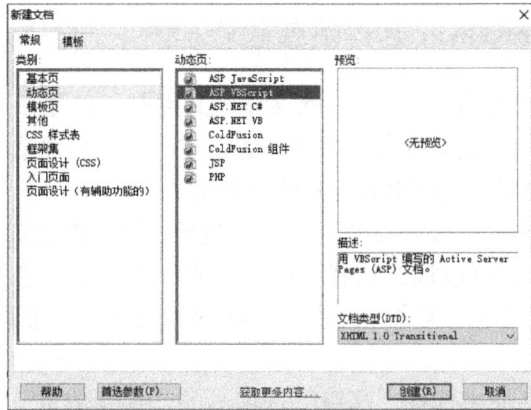

图 1-38　创建 ASP VBScript 动态页面

图 1-39　"test.asp"界面内容

图 1-40　"test.asp"代码内容

图 1-41　预览效果

问题探究：Dreamweaver 远程站点定义方法

Dreamweaver 的站点类型有三类。第一类为本地文件夹，它是工作目录，也称为"本地站点"。第二类为远程文件夹，它是存储文件的位置，也称为"远程站点"，可以是专供开发用的临时定义的文件夹，也可以是使用运行系统为其定义的站点。第三类为动态文件夹，即测试服务器，它用于记录 Dreamweaver 处理动态页的过程。如果要定义一个"远程站点"，其基本过程与本地站点相类似。可以通过选择"新建站点"选项卡，在弹出来的界面中，选择"高级"选项卡，先进行"本地信息"的设置，如图 1-42 所示。然后进行远程站点的设置。具体步骤如下：

（1）在站点定义对话框中选择"高级"选项卡的"远程信息"分类选项。

（2）选择一个"访问"选项，这里以 FTP 为例，在弹出界面中进行相应的设置，具体设置如图 1-43 所示，设置"FTP 主机"和"主机目录"，选中"维护同步信息"和"保存时自动将文件上传到服务器"复选框。最后单击"确定"按钮。

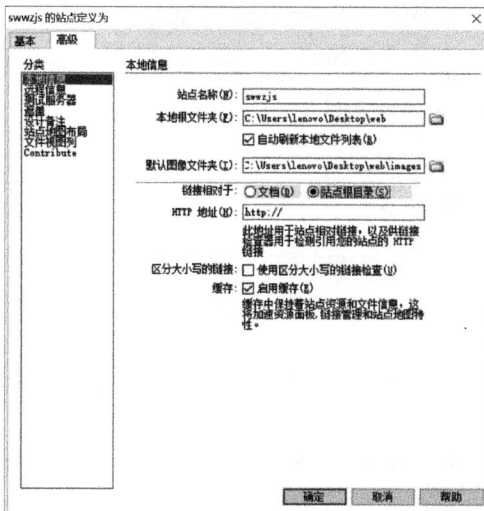

图 1-42 站点设置"高级"选项卡界面   图 1-43 远程信息 FTP 设置界面

知识拓展：ASP 工作原理

ASP 是 Active Server Pages 的缩写，意为"活动服务器网页"。ASP 是微软公司开发的代替 CGI 脚本程序的一种应用，它可以与数据库和其他程序进行交互，是一种简单、方便的编程工具。ASP 的网页文件的后缀是 .asp，现在常用于各种动态网站中。ASP 是一种服务器端脚本编写环境，可以用来创建和运行动态网页或 Web 应用程序。ASP 网页可以包含 HTML 标记、普通文本、脚本命令和 COM 组件等。利用 ASP 可以向网页中添加交互式内容（如在线表单），也可以创建使用 HTML 网页作为用户界面的 Web 应用程序。

ASP 中的命令和 Script 语句都是由服务器来解释执行的，执行结果会产生动态生成的 Web 页面并送到浏览器；而 Client 端技术的 Script 语句则是由浏览器来解释执行的。

其工作原理如下：

（1）用户在浏览器的地址栏中输入 ASP 文件，并按回车键触发这个 ASP 文件的申请。

（2）浏览器将这个 ASP 的请求发送给 Web Server。

（3）Web Server 接收这些申请并根据 .asp 后缀名判断这是 ASP 的要求。

（4）Web Server 从硬盘或内存中读取正确的 ASP 文件。

（5）Web Server 将这个文件发送到 ASP.DLL 的特定文件中。

（6）ASP 文件将会从头至尾执行并根据命令要求生成相应的 HTML 文件。

（7）HTML 文件被送回浏览器。

（8）用户的浏览器解释这些 HTML 文件并将结果显示出来。

小 结

要制作一个完整的网站，首先需要创建一个站点，只有建立了站点，才能更好地完成网页制作和站点文件管理。

通过本任务的学习，要求初步掌握在 IIS 管理器和 Dreamweaver 软件中如何定义一个动态的站点，并了解动态站点参数设置的含义。

思考题

1. 简述在 Dreamweaver 中创建站点的方法。

2. 如何利用"Dreamweaver 的站点定义为"对话框的"高级"选项卡对站点进行定义与设置？

项目知识梳理与总结

1. 作为一个 Web 服务器，IIS 是实现 ASP 动态网页所必需的环境和核心。因此，在进行 ASP 电子商务动态网站开发之前，必须首先要安装与配置 IIS 服务器。

2. 对 ASP 电子商务动态网站而言，Dreamweaver 站点定义可以指定和配置动态站点的相关参数，如服务器技术类型等。只有这样，我们才能使用 Dreamweaver 提供的可视化动态数据处理功能。

3. 创建 ASP 网页，所需要的只是一个文本编辑器的环境，如记事本等，但为了与 Dreamweaver 更好地无缝结合，我们应掌握在 Dreamweaver 环境中创建 ASP 网页的方法。

项目二

商务网站的整体策划

实 训 目 的

　　了解商务网站栏目设计过程，熟悉网站栏目设计结构，掌握商务网站栏目设计的方法和技巧；了解 CSS 样式的原理和基本应用，掌握 CSS 样式设置的基本过程及其相关的属性、方法。

　　实训重点：网站栏目设计的方法和技巧、CSS 样式设置与应用。

　　学习难点：CSS 样式的设置与应用。

项 目 导 航

　　在着手开发电子商务网站前，需对所开发的网站进行整体策划。在本项目中，将根据电子商务网站的整体策划要求，并以"浙江吴越商贸机械有限公司"网站的整体策划为实例，从电子商务网站的栏目规划、主页内容布局、CSS 网页布局等几个方面展开对电子商务网站的策划。

任务一　商务网站栏目规划

任务引出

　　网站规划是指应用科学的思维方法，进行情报收集与分析，对网站设计、建设、推广和运营等各方面问题进行整体规划，并提供完善解决方案的过程。一个网站的成功与否，与建站前的网站规划有着极其重要的关系。对于一个网站来说，前期的网站建设与后期的网站管理运营，是一个不可分割的整体。网站建设的好坏固然对后期的网站管理运营起着决定性的影响，同时，后期网站运营的良好规划，也对前期的网站建设提出了更高的要求。

浙江吴越商贸机械有限公司是专门从事研发与制造各类机械设备的高新技术企业。本任务以浙江吴越商贸机械有限公司网站为例，为了更好地开发该公司网站，首先应规划出合适的网站栏目。在本任务中，将引导读者完成浙江吴越商贸机械有限公司网站栏目规划。

作品预览

对于一个公司网站来说，一般需要有用户/管理登录、公司简介、新闻动态、产品导航、在线订单、招聘信息、产品分类、在线留言、联系我们等栏目，图 2-1 即为浙江吴越商贸机械有限公司网站的基本栏目架构图。

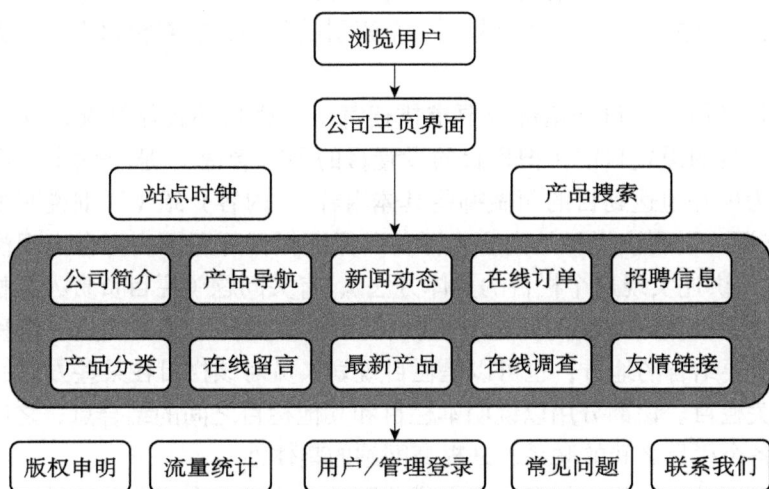

图 2-1　浙江吴越商贸机械有限公司网站的基本栏目架构

实践操作

网站栏目的实质就是一个网站的大纲索引，索引应该将网站的主题明确显示出来。在对浙江吴越商贸机械有限公司网站做好统筹规划后，应该针对公司网站的产品、新闻资讯、订单等主题收集各种相关的资料，并对所有的资料进行仔细甄选，并根据网站的内容和功能分门别类地确定主、次栏目，规划好网站的框架，整理出站点的内容之间的逻辑功能结构图。确定栏目内容的原则如下：

（1）尽可能删除与主题无关的栏目。

（2）尽可能将网站最有价值的内容列在栏目上。

（3）尽可能方便访问者的浏览和查询。

总之，在确定栏目时，既要仔细考虑，又要合理安排。

结合栏目内容确定的原则，浙江吴越商贸机械有限公司网站的栏目规划的具体步骤如下：

首先要收集公司各个部门的相关信息，并对其进行整理，再找出重点，根据重点及公司业务的侧重点，结合网站定位来确定网站的分栏目（它们分为哪几项），可能开始时会因为栏目较多进而难以确定最终需要哪几项，这是一个讨论的过程，需要大家在一起把自己的意见都说出来，反复比较，再给定下来的内容进行归类，形成网站栏目的树状列表用以清晰表达站点结构。

然后以同样的方法，来讨论二级栏目下的子栏目，对它进行归类，并逐一确定每个二级栏目下的子栏目的主页面需要放哪些具体的东西，二级栏目下面的每个子栏目需要放哪些内容，让栏目负责人能够很清楚地了解本栏目的每个细节，大家讨论完以后，就应由栏目负责人按照讨论过的结果编写栏目规划书，栏目规划书要求写得详细、具体，并有统一的格式，以备网站留档。

栏目的规划书应该具有统一格式，具体包含以下内容。

第一，栏目概述。栏目概述部分应包括栏目定位、栏目目的、服务对象、子栏目设置、首页内容、分页内容。这一部分起到一个索引的作用，能对栏目有一个大概的整体把握和了解。

第二，栏目详情。栏目详情部分要求描述每个子栏目的具体情况，其中包括各个子栏目的名称、栏目的设置目的（把栏目的设置目的要写清楚）、服务对象（用以明确栏目的发展方向，为更好地达到目的而做哪些具体内容）、内容介绍（详细说明本栏目的具体内容）、资料来源（说明该栏目的内容来源，以保证栏目开展下去不会出现没有内容的情况）、实现方法（讲述实现这个栏目的具体方法）、有关问题（栏目负责人在栏目的规划过程当中想到的，目前尚未解决的问题）、重点提示（重点提示美工人员或编程人员需要注意的地方，或需要结合的地方，也可以是栏目规划人员对该栏目在某些方面的建议）。

第三，相关栏目。该部分用以说明本栏目和其他栏目之间的结合点，之所以要有这一部分是想通过各个栏目之间的联系，来提高网站的整体性。

第四，参考网站。标明本栏目参考了哪些网站，或可以参考哪些网站，并一定要说明参考其他网站的哪些优点，哪些地方是我们在建设过程当中应该注意的，决不是只是写上一个网址就可以了。

第五，附录。用以记录这个文档的历史修改过程和改了哪些内容。

网站栏目规划书是写给我们自己看的，不是为了让别人看的，是网站在以后的建设过程中的一个依据。有了这个规划书，我们可以很轻松地解决具体设计制作（包括页面设计、制作、编程）过程中遇到的问题。

最后，根据公司的具体实际情况，结合网站栏目规划的原则与步骤，编写公司网站的栏目规划书，同时绘制公司网站的基本栏目架构图。

问题探索：网站主题确定方法

网站栏目内容的规划应紧紧围绕网站的主题来展开。

网站主题就是网站所要表述的主要内容。在开发网站前，开发者首先要明确主题和方向，才能展现网站的作用。主题是目标，内容是根本。一个成功的电子商务网站在内容方面必须紧扣在主题范围之内，才能不脱离网页设计和制作的技术轨道。

对于网站主题的选择，一般的方法与要求如下：

（1）主题定位要准确。

（2）主题要小而精。

（3）题材最好选择自己擅长或者喜爱的内容。

（4）题材的选取不要太滥或者目标定得太高。

知识拓展：电子商务网站开发流程

1. 电子商务网站的规划与设计

网站的规划与设计是电子商务网站建设的第一步。在这一步中需要对网站进行整体的分析，明确网站的建设目标，确定网站的访问对象、网站应提供的内容与服务，设计网站的标志、网站的风格、网站的目录结构等各方面的内容。

2. 电子商务网站的开发与实施

（1）静态网页制作。用 Dreamweaver 等工具将文字和图片按设计版式完成静态网页的制作。网页制作的第一步就是给所要制作的网页进行结构布局，也就是要确定网页的布局方法。在具体制作网页时，应按照"先大后小，先简单后复杂"的原则来进行。也就是说在制作网页时，先把大的结构设计好，然后再逐步完善小的结构设计。先设计出简单的内容，然后再设计复杂的内容，以便在出现问题时容易修改。

（2）网络数据库设计。一个设计与组织良好的数据库，不仅能方便地解决应用层面上的问题，还可以防止一些不可预测的突发事件，从而加快网络应用程序系统的开发速度，提高工作效率。

（3）Web 应用程序设计。在静态网页和数据库设计完成基础之上，可进一步完成动态网页的设计，这就需要在 Dreamweaver 等平台基础之上完成 Web 应用程序设计（如在完成页面的 HTML 程序后再加入 ASP、JSP、PHP 等代码）。

3. 电子商务网站域名注册和空间申请

域名由国际域名管理组织或国内的相关机构统一管理，国内很多网络服务提供商都可以代理域名注册业务；在不能拥有独立服务器的条件下，网站用户需要向网络服务提供商申请服务器使用空间。

4. 电子商务网站上传

网站制作完毕，最后还要将其发布到 Web 服务器上。现在上传的工具有很多，有些网页制作工具（如 Dreamweaver）本身就带有 FTP 功能，利用这些 FTP 工具，可以很方便地把网站发布并存放在服务器中。

5. 电子商务网站的推广、管理与维护

要想提高网站的影响力，吸引更多的访问者，提高商务效益，就必须对网站进行必要的宣传和推广。网站推广的方法有很多，如到搜索引擎上注册，与别的网站交换链接，加入广

告链接等。电子商务网站的管理和维护主要包括安全管理、性能管理和内容管理三个方面。

电子商务网站的建设过程是一个循环过程，它需要随着需求的变化不断地对网站进行再次规划与设计，进而不断地建设和发布新的内容与服务，持续地维护与管理以保障电子商务网站的正常运行。

小　结

网站建设是否能成功很大程度上取决于网站栏目的设计，如果网站栏目结构不清晰，目录庞杂，内容东一块西一块，结果不但使浏览者看得糊涂，自己扩充和维护网站也相当困难。一般的网站栏目安排要注意以下几个方面。

（1）要紧扣主题。将你的主题按一定的方法分类并将它们作为主题栏目。主题栏目的个数在总栏目中要占绝对优势，这样的网站会显得更专业，主题更突出，容易给人留下深刻印象。

（2）设立"最近更新"栏目。设立"最近更新"栏目，是为了照顾常来的访客，让你的主页更有人性化，另外经常更新还能使搜索引擎经常光临，提高企业网站的排名。

（3）设立可以双向交流的栏目。比如论坛、留言本、邮件列表等，可以让浏览者留下他们的信息。

（4）设立下载或常见问题回答栏目。网络的特点是信息共享。主页上设置一个资料下载栏目，便于浏览者下载所需资料。另外，站点经常会收到浏览者的问题或咨询，最好设立一个常见问题回答的栏目，既方便了浏览者，也可以节约自己更多时间。

通过以上的任务学习，学生可以了解网站栏目设计的整个过程，熟悉网站栏目设计结构，掌握网站栏目设计的方法和技巧。

思考题

1. 实训中你是如何规划网站栏目结构的？
2. 你认为实训中最使你满意的是哪个栏目？为什么？

任务二　电子商务网站的主页内容布局

任务引出

在规划好"浙江吴越商贸机械有限公司"网站栏目后，接下来就要对网站主页的内容进行布局谋篇了。目前，网页内容布局的方法基本有三种：表格、框架和层，其中表格是最基本、最直接的布局方式。

在本任务中，将用表格的方式布局"浙江吴越商贸机械有限公司"网站主页。

作品预览

在对"浙江吴越商贸机械有限公司"网站基本栏目进行分析的基础上，利用表格布局方式实现网页布局。"浙江吴越商贸机械有限公司"网站主页的布局效果如图 2-2 所示。

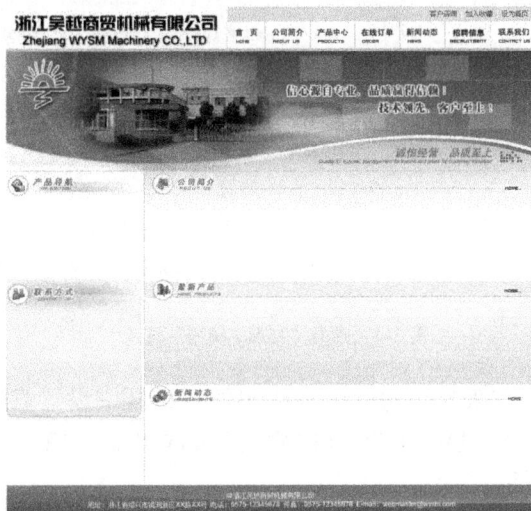

图 2-2　"浙江吴越商贸机械有限公司"的主页效果

实践操作

1. 头部文件制作

（1）启动 Dreamweaver 并打开已定义的"浙江吴越商贸机械有限公司"动态站点，选择"新建"→"ASP VBScript"命令，新建 ASP 文档，并命名为"top.asp"。

（2）单击"属性"面板上的"页面属性"按钮，在弹出的"页面属性"对话框中选择"外观"选项，将页面的背景颜色设置成为"#87a1b2"，再选择"链接"选项，完成"链接"选项相应参数的设置，如图 2-3 所示。

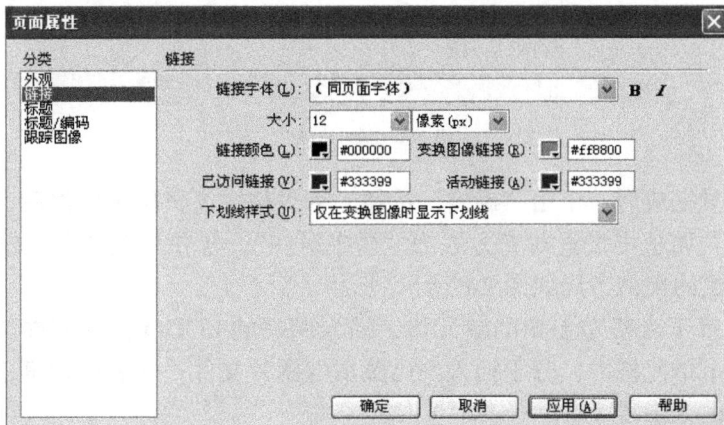

图 2-3　页面"链接"设置

（3）选择"标题/编码"选项，完成"标题/编码"选项相应参数的设置，如图2-4所示。

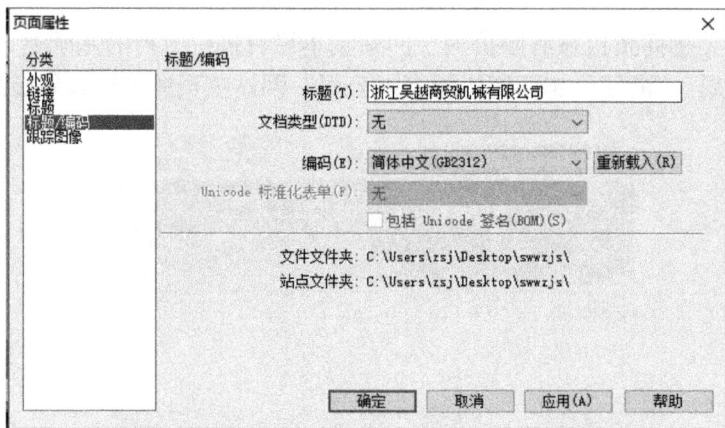

图2-4　页面"标题/编码"设置

（4）选择"插入"→"表格"命令，在弹出的对话框中设置表格"行数"为"3"、"列数"为"8"，"表格宽度"先设定为"500像素"，"边框粗细""单元格边距""单元格间距"均设为"0"，如图2-5所示。

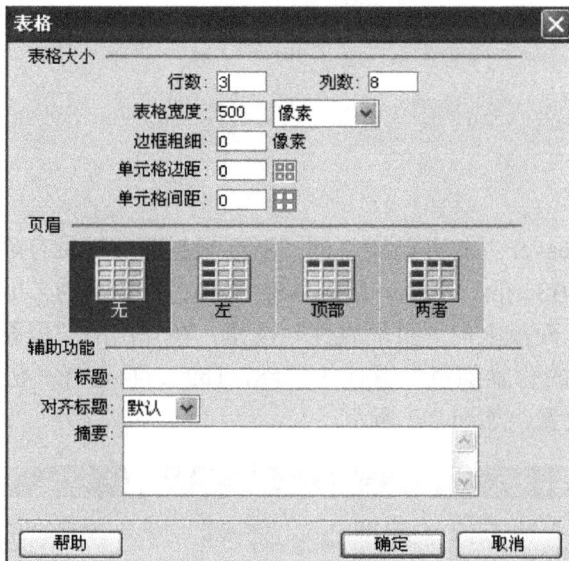

图2-5　插入表格

（5）参数设置完成后，单击"确定"按钮，将表格插入页面中；然后，选中所插入的表格，在"属性"面板中设置对齐方式为"居中对齐"，合并相关的单元格并适当调整单元格的大小，完成的表格布局如图2-6所示。

（6）将光标置于表格左上角的单元格，插入网站的LOGO图片文件"logo.jpg"；在表格第二行的7个单元格中，分别插入网站菜单的图片文件；在表格的第三行中插入网站Flash宣传片"banner.swf"。

"top.asp"页面文件的最终效果如图2-7所示。

图 2-6　表格布局

图 2-7　头部文件效果

（7）保存文档，并作为网站的头部文件以备以后调用。

2. 版权区文件制作

（1）在"浙江吴越商贸机械有限公司"动态站点中，新建一个 ASP VBScript 文件，并保存为"foott.asp"。

（2）插入一个 1 行 1 列的表格，设置"表格宽度"为"939 像素"，"边框粗细""单元格边距""单元格间距"均设为"0"。

（3）参数设置完毕后，单击"确定"按钮，将表格插入页面中；然后选中所插入的表格，在"属性"面板中设置高为"60 像素"，对齐方式为"居中对齐"。

（4）将光标置于表格中，设置"水平""垂直"对齐方式均为"居中对齐"；然后输入如图 2-8 所示的版权信息文字。

（5）保存文档作为网站版权文件以备以后调用。

图 2-8　版权区文件

3. 正文区文件制作

（1）在"浙江吴越商贸机械有限公司"动态站点中，新建一个 ASP VBScript 文件，并保存为"index.asp"。

（2）插入一个 1 行 3 列的表格，设置"表格宽度"为"939 像素"，"边框粗细""单元格边距""单元格间距"均设为"0"。

（3）参数设置完毕后，单击"确定"按钮，将表格插入页面中；然后，选中所插入的表格，在"属性"面板中设置对齐方式为"居中对齐"，设置第 1 列宽度为"240 像素"，第 2 列宽度为"1 像素"。

（4）将光标置于表格的第 1 个单元格中，插入一个 2 行 1 列的表格，设置"表格宽度"

为"100%"，"边框粗细""单元格边距""单元格间距"均设为"0"；在第一个单元格中插入图片文件"title-1.gif"，并调整第二个单元格至合适的高度。完成"产品导航"内容栏目布局的制作。

（5）按步骤（4）操作方法完成其他栏目布局内容的制作，如图2-9所示。

（6）按下 Ctrl+S 组合键保存"index.asp"页面文档。

图 2-9　主页正文区制作

4. 网站主页文件制作

打开"index.asp"页面的"代码"视图环境，找到标签 <body> 代码行并按回车键另起一行，然后切换到页面的"设计"视图环境。单击"插入"工具栏中的"服务器端包括（SSI）"按钮，然后在弹出的"选择文件"对话框中选择"top.asp"文件，如图2-10所示。

图 2-10　嵌入头部文件

对应的服务器端包括（SSI）代码为：

```
<!--#include file="top.asp" -->
```

按照同样的操作方法，在网页底部嵌入"foot.asp"文件，同时保存"index.asp"页面文件。至此，就完成了网站主页的初步布局工作，布局效果如图2-2所示。

问题探索：服务器包括（SSI）指令用法

SSI 是 Server-Side Include 的简写，意为服务器包括。SSI 指令为用户提供在 Web 服务器处理之前将一个文件的内容插入到另一个文件的方法。当服务器检查要处理的 ASP 脚本时，要先找到所有 SSI 并将对应内容输入到脚本中。当服务器处理完 SSI 后，就像处理单个 ASP 脚本一样来处理那些脚本文件。这样就可以将很长的脚本分成许多部分，而且可以最大限度地重用代码。

include file 的使用方法

在 ASP 中使用 SSI 的语法如下：

```
<!--#include virtual | file="filename"-->
```

关键字 virtual 和 file 用来指示包含该文件的路径的类型，filename 表示想要包含的文件路径和名称。

在使用 SSI 包含文件操作命令时，还需要注意一点的是，由于 top.asp、copyright.asp 文件代码需要嵌入到其他页面文件中使用，还需要删除 top.asp、copyright.asp 文件中的 <html><body><title> 等标签，以及代码中 "<%@LANGUAGE="VBSCRIPT"%>"，否则就会出现标签重复使用等错误。

知识拓展：常用的网页内容布局方法

目前，常用网页内容布局的方法主要有表格、框架、层三种方法，这三种布局方法的特点各有不同。

1. 使用表格方式布局网页

表格是网页设计制作时不可缺少的重要元素，表格在网页制作中的作用不只是显示数据，更重要的作用是进行网页的布局定位。表格以简洁明了和高效快捷的方式将数据、文本、图片、表单等元素有序地显示在页面上，从而设计出版式漂亮的页面。使用表格布局的页面在不同平台、不同分辨率的浏览器中都能保持其原有的布局，且在不同的浏览器平台有较好的兼容性，所以表格是网页中最常见的排版方式之一。

2. 使用层方式布局网页

层可理解为浮动在网页上的一个页面，它可以被准确定位在网页中的任何位置，并且其中包含文本、图像、表单等所有可直接用于文档的元素。

层提供了可精确定位页面元素的方法，页面元素放于图层中。用户可控制对象的上下顺序、显示或隐藏及动画设置。使用图层设计页面布局，可以实现页面元素的精确定位，在图层中可以插入文本、图像、表单等页面元素，可以做出许多令人惊喜的效果。

3. 使用框架方式布局网页

框架是网页设计中常用的技术，使用框架能将几个不同的 HTML 文档显示在同一个浏览器窗口中。框架是由框架集和单个框架组成的，框架集用于定义一组框架的布局和属性，包括框架的数目、大小和位置及每个框架中初始显示的页面的 URL。

在制作框架网页时，每一个区域都是独立的 HTML 网页文件，它们有独立的标题、背景、框架条等，但在浏览器中浏览网页，是通过框架集网页来浏览各个网页的，每个框架集中的网页又可以通过链接来打开并浏览其他网页。

小　结

网站主页内容是否能成功很大程度上取决于网站主页的布局设计。学生要重点掌握用表格进行网页布局的方法，同时在网站主页布局时，要学会使用服务器端包括指令以最大限度地重用代码。

通过以上的任务，学生可以了解电子商务网站主页内容布局的整个过程，熟悉网站主页内容布局的方法和技巧。

思考题

1. 你是怎么用表格进行网站主页内容布局的？
2. 网页内容布局的常用方法有哪些？各自的优缺点？
3. 详细说明服务器端包括（SSI）指令的使用方法。

任务三　CSS在电子商务网站网页布局中的应用

任务引出

CSS 是 Cascading Style Sheets（级联样式表）的缩写，在页面制作中采用 CSS 技术可有效地对页面的布局、字体、颜色、背景和其他效果实现更精确的控制，同时还可保持网站页面风格的一致性，并且当用户对 CSS 样式进行修改时，文档中应用该样式的文本格式也会自动发生改变。CSS 样式在网页制作中有着广泛的应用。

在本任务中，将使用 CSS 样式完善主页的布局。

作品预览

在图 2-2 的基础上，利用 CSS 为网页加上"宽度"为"5 像素"的白色实线边框，并且将网页的背景颜色值设置为"#87a1b2"，效果如图 2-11 所示。

实践操作

（1）打开"top.asp"文档，选择"文本"→"CSS 样式"→"新建"命令，在弹出的

"新建 CSS 规则"对话框中设置"选择器类型"为"类（可应用于任何标签）"，然后在"名称"文本框中输入 CSS 规则的名称，如"tabletop"，如图 2-12 所示。

图 2-11 网页 CSS 布局效果

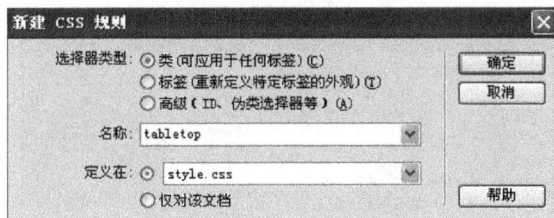

图 2-12 "新建 CSS 规则"对话框（1）

（2）单击"确定"按钮，在弹出的".tabletop 的 CSS 规划定义"对话框的"分类"列表框中选择"边框"，并将"上、右、左"的样式设置为"实线"，"宽度"为"5 像素"，"颜色"为"#FFFFFF"，如图 2-13 所示。

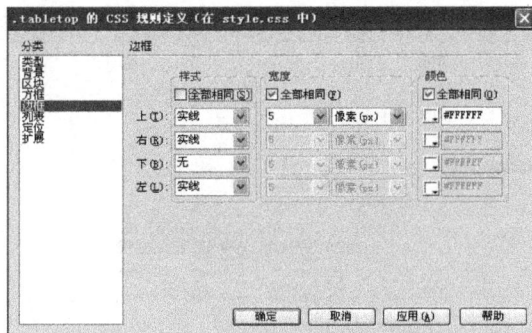

图 2-13 ".tabletop 的 CSS 规则定义"对话框

（3）选择要应用样式的页面元素，如表格等，在"属性"面板的"类"下拉菜单中选择前面新建的样式"tabletop"，如图 2-14 所示。

图 2-14 CSS 规则应用（1）

（4）采用同样的操作方法，完成"tablemiddle""tablebottom"的 CSS 定义，并分别应用到"index.asp"和"copyright.asp"中去。网页中其他所需样式的定义也可以按同样的方法定义。

至此，完成了网站主页布局的 CSS 应用，效果如图 2-11 所示。

问题探索：CSS 滤镜的应用方法

使用 CSS 可以给网页加入许多意想不到的效果，如利用 CSS 可以使图像根据需要实现半透明的效果。下面具体介绍 CSS 在这方面的应用。

（1）选择"文本"→"CSS 样式"→"新建"命令，在弹出的"新建 CSS 规则"对话框中设置"选择器类型"为"类（可应用于任何标签）"，然后在"名称"文本框中输入 CSS 规则的名称，如"alpha"，如图 2-15 所示。

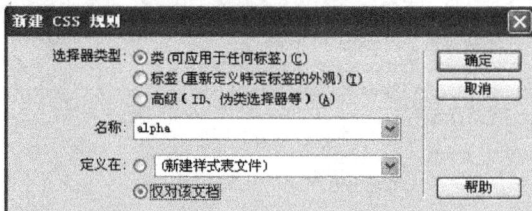

图 2-15 "新建 CSS 规则"对话框（2）

（2）单击"确定"按钮，在弹出的".alpha 的 CSS 规则定义"对话框中，选择"分类"列表框中的"扩展"选项，然后在"滤镜"下拉列表中选择"Alpha(Opacity=?,FinishOpacity=?, Style=?,StartX=?,StartY=?,FinishX=?,FinishY=?)"选项，如图 2-16 所示。

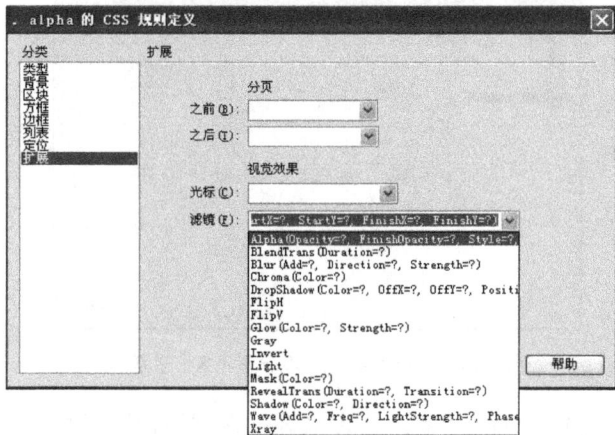

图 2-16 ".alpha 的 CSS 规则定义"对话框

代码中的"？"是用户需要添加的相应数值，如将参数值补充如下：

```
Alpha(Opacity=50,FinishOpacity=50,Style=2,StartX=0,StartY=50,FinishX=
100,FinishY=100)
```

（3）设置完成后单击"确定"按钮，返回网页编辑窗口，选择要应用 CSS 滤镜的图像，在"属性"面板的"类"下拉列表中选择"alpha"选项，如图 2-17 所示。

图 2-17　CSS 规则应用（2）

（4）图像透明情况需要在浏览器中浏览时才能实现，保存网页并预览网页效果，如图 2-18 所示。

图 2-18　CSS 滤镜应用效果

从上面可以看出，灵活运用 CSS 滤镜，可以使网页具有很好的视觉效果。

表 2-1 列出了比较常见的滤镜种类及效果。

表2-1　滤镜种类及效果

滤　镜	效　果
Alpha	设置透明度
Blur	建立模糊效果
Chroma	把指定的颜色设置为透明
DropShadow	建立一种偏移的影像轮廓，即投射阴影
FlipH	水平翻转
FlipV	垂直翻转
Glow	为对象的外边界增加光效
Gray	降低图片的彩色度
Invert	将色彩、饱和度及亮度值完全翻转建立底片效果
Light	在一个对象上进行灯光投影
Mask	为一个对象建立透明膜
Shadow	建立一个对象的固体轮廓，即阴影效果
Wave	在 X 轴和 Y 轴方向利用正弦波纹打乱图片
Xray	只显示对象的轮廓

知识拓展：CSS 技术的特点

在 CSS 出现之前，虽然 HTML 为网页设计者提供了强大的格式设置功能，但必须为每个需要设置的地方使用格式设置标记，而不能为具有一定逻辑含义的内容设置统一的格式。这对设计和维护一个网页数量众多的网站来说，将增加许多的工作量。此外，每个网页设计者按照自己的喜好设计制作网页，来自不同的人员开发的网页作品很难统一在一个网络中。现在，运用 CSS 技术，可以克服 HTML 的这些缺陷，方便地为所有网页设置一种风格。特别地，如果将原来安排在网页文件中的格式化元素和属性提取到网页外部，将这些样式规则定义到一个样式表文件中，则可以为所有需要使用该样式的网页所链接。总之，CSS 样式是一种格式化网页的标准方式，它对颜色、字体、间隔、定位和边距等格式方面提供了多种属性，这些属性均可用于 HTML 标记符。应用 CSS 技术设计网页有以下特点。

1. 方便网页格式的修改

由于 CSS 对页面格式的控制可以独立地进行，这就使得修改网页元素的格式变得更加容易，网页的更新工作也就大为减轻。

2. 便于减小网页体积

为了得到一个较好的浏览效果，设计网页时常常要制作多种图片，以获得想要的字体和布局，但图片用得越多，网页就越臃肿。CSS 的出现，为解决这类问题提供了另一种思路，如利用 CSS 技术取代原先只能用图像表示的艺术字体。由于图像文件的减少，整个网页的体积随之大为减小，这样便可提高网页下载的速度和显示的效率，实际意义非常明显。

3. 能使网页元素更准确地定位

CSS 的最大优点之一是它的定位技术。网页设计者往往采用表格或层来定位网页元素，层定位主要用于复杂且不规则的网页结构。正确使用层定位必须配合 CSS，才能实现最终的效果。

4. 良好的适应性

许多新的网页设计技术不断产生，但是现在的浏览器不一定百分之百地支持这些技术，直接在 HTML 中使用时必须十分谨慎。而在 CSS 中使用则可以避免由于浏览器不支持这些新技术而出现页面显示混乱的情况。当浏览器不支持这些规则时，系统会自动调节，用默认方式进行解释并把网页显示出来。

小　结

CSS（级联样式表）是用来设计网页风格的。使用 CSS 设立样式表，可以统一地控制 HMTL 中各标志的显示属性。在网站主页制作时采用 CSS 技术，可以有效地对页面的布局、字体、颜色、背景和其他效果实现更加精确的控制。在网页维护时，只要对相应的 CSS 样式代码做一些简单的修改，就可以改变同一页面的不同部分，或者页数不同的网页的外观和格式。CSS 技术在网页制作中应用广泛。

通过以上的任务学习，学生可以了解 CSS 样式的原理和基本应用，掌握 CSS 样式设置的基本过程及其相关的属性、方法，并能用 CSS 设计相应的样式并应用到网页制作中去。

思考题

1. 分析外部 CSS 样式文件与内部 CSS 表的异同点。
2. CSS 新样式设置时，选择器类型中"类""标签""高级"之间有什么区别？

项 目 知 识 梳 理 与 总 结

1. 网站栏目策划是制作网站网页的起始点，也是网页制作的关键。

2. 网站网页内容的布局方法主要有三种：表格、框架和层，其中表格是网页内容布局的主要方法，也是最基本、最直接的布局方法。

3. CSS 是一系列格式设置规则，主要用来控制 Web 网页内容的外观，使用 CSS 可有效保持网站页面风格的一致性。

网络数据库的配置与使用

实 训 目 的

　　熟悉 Access 网络数据库，掌握数据库与数据表的创建；熟悉 SQL 语言中 SELECT 命令的使用方法，掌握 SQL 语言对数据记录的添加、更新、删除及查询等操作的语法；掌握连接网络数据库的方法。

　　实训重点：Access 网络数据库与数据表的创建，连接 Access 网络数据库的方法。

　　学习难点：SQL 命令对数据记录的添加、更新、删除及查询等操作的语法。

项 目 导 航

　　网络数据库在电子商务动态网站开发中占据着核心的地位，网站欲具备动态交互功能，就得创建并连接网络数据库。在本项目中，将从网络数据库的创建、SQL 结构化查询语言的使用、网络数据库连接的创建、数据记录集的创建等几个方面加以介绍，而这些方面的知识也是每个网络应用程序制作过程中必须要涉及的内容。

任务一　创建网络数据库

任务引出

　　动态网页与静态网页最根本的区别在于，动态网页与后台数据库建立了一定的关联。可以这样说，动态网页以网络数据库为基础，通过客户机 / 服务器的交互完成特定的行为。网络数据库在动态网页中的核心地位，使得在创建动态网页之前必须先创建数据库。

在本任务中，将完成 Access 网络数据库和数据库表的创建。

作品预览

启动 Microsoft Access 2003，打开"students.mdb"数据库表文件。在弹出的"students.mdb"数据库管理窗口中，打开"stu_info""stu_score"数据表。窗口中显示了数据表中的内容，如图 3-1 所示。

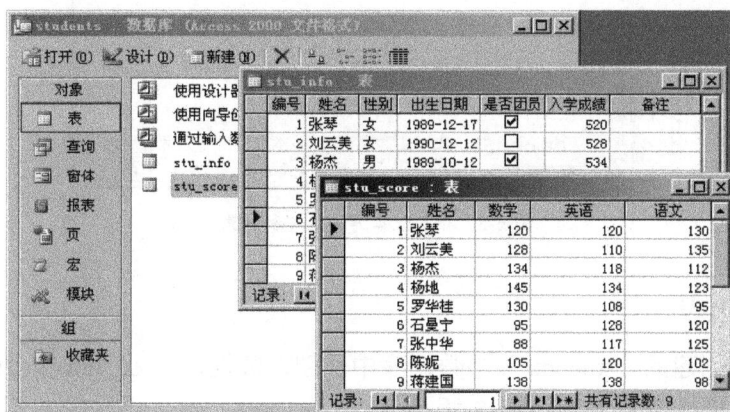

图 3-1 数据库表的内容

实践操作

1. 创建数据库

在 Access 中，既可以使用"模板"方法创建数据库，也可以直接创建空数据库。直接创建空数据库的方法如下。

（1）单击工具栏中的"新建"按钮，在弹出的"新建文件"任务窗格中单击"空数据库"，如图 3-2 所示。

图 3-2 新建数据库文件

（2）在弹出的"文件新建数据库"对话框中，指定数据库的名称和位置，然后单击"创建"按钮，完成 Access 数据库的创建，如图 3-3 所示。

图 3-3　指定数据库的名称和位置

2. 创建数据表

下面就在已创建的"students"空数据库中，创建数据表"stu_info"。"stu_info"数据表的内容及结构具体如表 3-1、表 3-2 所示。

表3-1　"stu_info"数据表的内容

id	name	sex	birth	age	member	entrance	notes
1	张琪	女	01/12/90	20	是	520	
2	刘芳	女	10/21/90	20	否	528	
3	卢庆国	男	05/18/91	19	是	534	
4	周静	女	04/22/90	20	否	545	
5	刘英山	男	03/16/90	20	是	560	
6	杨文芳	女	06/15/91	19	否	555	市级三好学生
7	周德洪	男	07/20/90	20	否	535	
8	袁亚康	男	05/17/89	21	否	527	
9	汪红兵	男	08/06/90	20	是	538	

表3-2　"stu_info"数据表的结构

字段名称	数据类型	字段长度	说明
id	长整型	4	自动编号（主键）
name	文本	10	姓名
sex	文本	2	性别
birth	日期 / 时间	8	出生日期
age	数字，整型	2	年龄
member	是 / 否，布尔	2	是否团员
entrance	数字，单精度	4	入学成绩
notes	备注		备注

在 Access 数据库中，创建数据表主要有"使用设计器创建表""使用向导创建表""通过输入数据创建表"方法，下面使用设计器来创建数据表。

（1）打开空数据库"students.mdb"，进入数据库设计窗口，如图 3-4 所示。

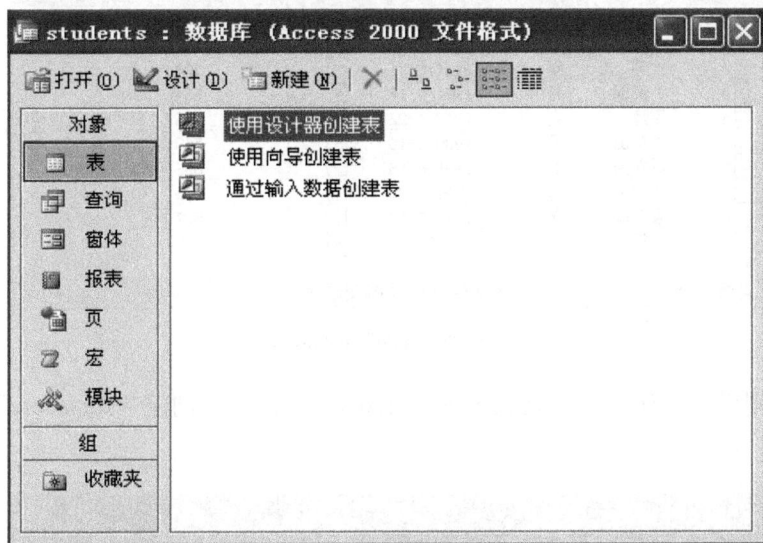

图 3-4 数据库设计窗口

（2）双击"使用设计器创建表"选项，在弹出的表结构定义窗口中定义表的结构，如图 3-5 所示，按照表 3-2 所示内容逐一定义每个字段的字段名称、数据类型及字段长度等参数，并以"stu_info"为名保存数据表。

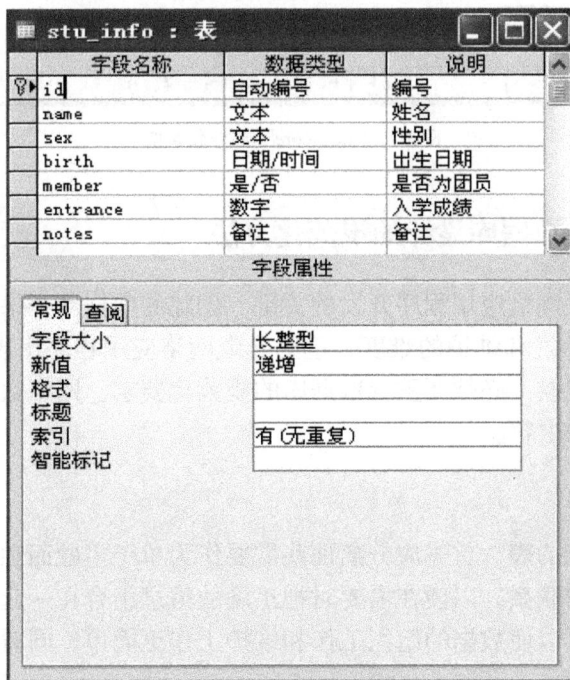

图 3-5 数据表结构设计

（3）完成数据表结构定义后，按照表 3-1 所示内容在"stu_info"数据表中输入数据，如图 3-6 所示。输入数据有错时可以进行修改。

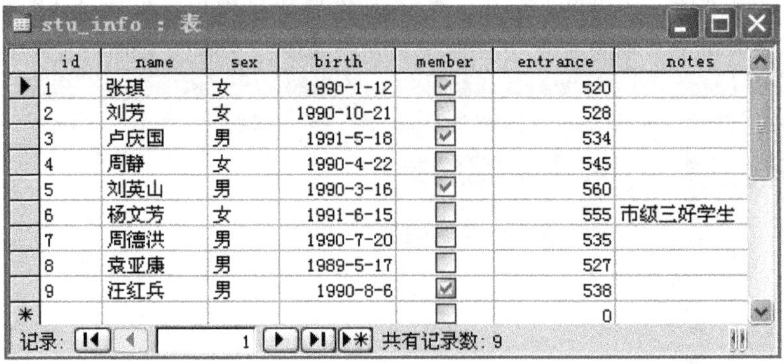

id	name	sex	birth	member	entrance	notes
1	张琪	女	1990-1-12	☑	520	
2	刘芳	女	1990-10-21	☐	528	
3	卢庆国	男	1991-5-18	☑	534	
4	周静	女	1990-4-22	☐	545	
5	刘英山	男	1990-3-16	☑	560	
6	杨文芳	女	1991-6-15	☐	555	市级三好学生
7	周德洪	男	1990-7-20	☐	535	
8	袁亚康	男	1989-5-17	☐	527	
9	汪红兵	男	1990-8-6	☑	538	
*				☐	0	

记录：1 共有记录数：9

图 3-6 "stu_info"数据表数据

（4）按照同样的操作方法，在数据库"students.mdb"中创建"stu_score"数据表，如图 3-7 所示。

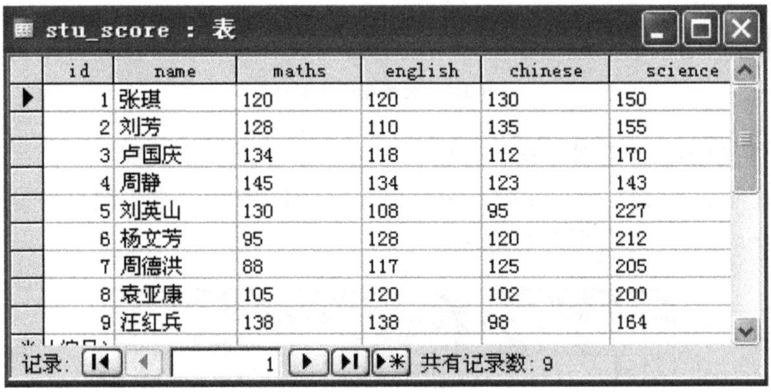

id	name	maths	english	chinese	science
1	张琪	120	120	130	150
2	刘芳	128	110	135	155
3	卢国庆	134	118	112	170
4	周静	145	134	123	143
5	刘英山	130	108	95	227
6	杨文芳	95	128	120	212
7	周德洪	88	117	125	205
8	袁亚康	105	120	102	200
9	汪红兵	138	138	98	164

记录：1 共有记录数：9

图 3-7 "stu_score"数据表数据

问题探索：网络数据库设计的规范化方法

网络数据库设计是网络应用程序开发的关键。创建的数据库如果设计得不够理想，轻则增加网络应用程序开发和维护的难度，重则导致网络应用程序出现致命性错误。因此，在设计网络数据库的时候，必须要重视数据库的规范化要求。网络数据库的规范化要求主要包括以下几个方面的内容。

1. 表信息单一化

对于一个大而复杂的表，首先应分离那些需要作为单个主题而独立保存的信息，然后确定这些主题之间有何联系，以便在需要时把正确的信息组合在一起。通过将不同的信息分散在不同的表中，可以使数据的组织工作和维护工作更简单，同时也容易保证建立的应用程序具有较高的性能。

例如，将有关职工基本情况的数据（如"职称"等）保存到"职工表"中；把工资单的信息保存到"工资表"中，而不是将这些数据统统放到一起。同样的道理，应当把学生信息保存到"学生基本信息表"中，把有课程的成绩信息保存到"成绩表"中。

2. 避免在表之间出现重复字段

除了保证表中有反映其他表之间存在联系的外部关键字，应尽量避免在表之间出现重复字段。这样做的目的是使数据冗余尽量小，防止在插入、删除和更新时造成数据的不一致。

例如，在"学生基本信息表"中有了"出生日期"字段，在"成绩表"中就不应再有"出生日期"字段。需要时可以通过两个表的连接找到。

3. 表中的字段必须是原始数据和基本数据元素

表中不应该包括通过计算可以得到的"二次数据"或多项数据的组合，能够通过计算从其他字段值推导出来的字段也应尽量避免。

例如，在"学生信息基本表"中应当包括"出生日期"字段，而不应该包括"年龄"字段。当需要查询年龄的时候，可以通过简单计算得到准确年龄。

在特殊情况下可以保留计算字段，但是必须保证数据的同步更新。例如，在"工资表"中出现的"实发工资"字段，其值是通过"基本工资＋奖金＋津贴－房租－水电费－托儿费"计算出来的，每次更改其他字段值的时候，都必须重新计算。

4. 使用有确切含义的字段作为主键字段

为提高效率，每个表都应有一个主键字段（主键）。主键字段定义了其在表中的唯一性，并以此作为索引为其他字段使用，以提高搜索性能。

知识拓展：常见的网络数据库

1. Oracle

Oracle 公司是全球最大的数据库系统软件提供商，Oracle 大型数据库系统是全面支持 Internet 计算的数据库平台，内置虚拟机，全面支持 Java 开发应用，能够体现 Java 的移植性、易用性、易部署等优点，使 Java 成为 Internet 计算的架构语言。Oracle 在可用性、可伸缩性、安全性、移植性方面有较大的优势，降低了企业开发和部署、应用管理、维护系统的成本。

2. SQL Server

SQL Server 是采用客户机／服务器结构的关系型数据库管理系统，最初由 Microsoft、Sybase 等公司合作开发。高版本的 SQL Server 具有高性能、高可靠性和易扩充性的优点，它由一系列产品组成，不仅能够满足大型企业和政府部门对数据存储和处理的需要，还能为小型企业和个人提供易于使用的数据存储服务，同时也为商业 Web 站点存储和处理数据提供了优秀的解决方案。其主要特点有：与 Internet 无缝集成；可运行于多种操作系统平台；支持分布式数据处理；支持数据仓库功能。

3. IBM DB2

IBM 公司的 DB2 也是优秀的大型数据库软件，是一个具有全部 Web 功能的通用数据库，可以从单一处理扩展到对称多处理和巨型、并行群集系统的关系数据库管理系统，以强大的多媒体能力和支持图像、声音、视频、文本与其他对象为特征。DB2 进一步完善了高级数据库技术，能提供更多的 Web 功能，支持更多的、开放的工业标准，性能和可用性都得到很大的改进；具有支持更多的数据类型、优化 OLAP（联机分析处理）、增强系统监控功能和较高安全性等特点。

4. Access

Access 是微软公司 Office 套装软件中的一个数据库管理系统。Access 不仅可以用于存储大量数据，而且提供了强大的数据管理功能和友好的用户界面，并且可在其基础上方便地开发各种实用的数据库应用系统。Access 的特点是与微软公司的 Windows 操作系统紧密结合，易于安装和操作使用，系统开销小，并可方便地与 Word、Excel 等软件交换数据。Access 完全可以满足构建小型动态网站数据库系统的需要。

Access 数据库作为微软公司推出的以标准 JET 为引擎的数据库系统，由于具有操作简单、界面友好等特点，具有较大的用户群体。目前，ASP+ Access 已经成为许多中小型网上应用系统的首选方案。

小　结

网络数据库在动态网页中具有核心地位，在创建动态网页之前必须先创建数据库。通过网络数据库的创建，动态网页才可以通过客户机 / 服务器的交互完成特定的行为。

在本任务中，主要完成了 Access 网络数据库和数据库表的创建，要求掌握数据库与数据表创建过程中的相关技巧与注意事项。

思考题

1. 简述网络数据库在动态网页制作的地位。
2. 网络数据库在创建过程中的注意事项有哪些？

任务二　结构化查询语言（SQL）的使用

任务引出

SQL（Structure Query Language，结构化查询语言）是与数据库进行交互操作的一种标准命令集，SQL 语言作为关系数据库的标准语言，它的功能包括数据定义、数据操纵、数据库控制、事务控制四个方面，但数据库的数据查询功能则是 SQL 语言的核心功能。在 SQL 语言中，查询数据是通过 SELECT 语句实现的。

　　在网站开发过程中，借助 SQL 命令可轻松实现对数据记录的添加、更新、删除及查询等操作。本任务主要是熟悉 SQL 语言 SELECT 命令的使用方法。

作品预览

　　启动 Access，打开"students.mdb"数据库文件，进入"SQL 视图"状态，先后执行不同的 SQL 查询命令，可得到不同的查询结果，如图 3-8 所示。

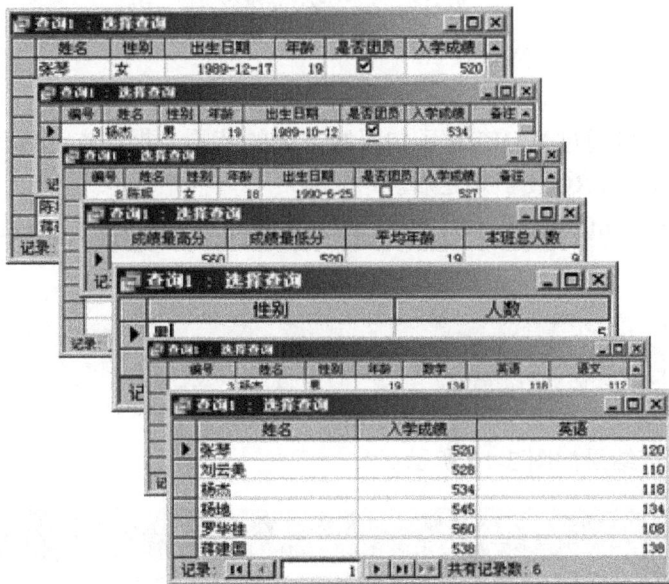

图 3-8　SQL 查询结果

实践操作

1. 基本查询

　　在基本查询模式中，涉及的表只有一个表，而且也不会附带任何条件。基本查询可通过 SELECT…FROM 子句来实现。

　　【例 3-1】从"stu_info"数据表中查询多个字段，输出的列名顺序依次为：姓名、性别、出生日期、年龄、是否团员、入学成绩。执行的 SQL 命令为：

```
SELECT name,sex,birth,age,member,entrance
FROM stu_info
```

SQL 命令的执行结果如图 3-9 所示。

stu_info 查询 ：选择查询

name	sex	birth	age	member	entrance
张琪	女	1990-1-12	20	☑	520
刘芳	女	1990-10-21	20	☐	528
卢庆国	男	1991-5-18	19	☑	534
周静	女	1990-4-22	20	☐	545
刘英山	男	1990-3-16	20	☑	560
杨文芳	女	1991-6-15	19	☐	555
周德洪	男	1990-7-20	20	☐	535
袁亚康	男	1989-5-17	21	☐	527
汪红兵	男	1990-8-6	20	☑	538

记录：10 共有记录数：10

图 3-9 例 3-1 的检索结果

2. 筛选查询

在筛选查询中，可通过 WHERE 子句限制查询的范围，提高查询效率。使用 WHERE 子句时，其必须要跟在 FROM 子句之后。

【例 3-2】从“stu_info”数据表中，检索既是“男”学生又是“团员”的记录。执行的 SQL 命令为：

```
SELECT * FROM stu_info
WHERE sex="男" and member
```

SQL 命令的执行结果如图 3-10 所示。

stu_info 查询 ：选择查询

id	name	sex	birth	age	member	entrance	notes
3	卢庆国	男	1991-5-18	19	☑	534	
5	刘英山	男	1990-3-16	20	☑	560	
9	汪红兵	男	1990-8-6	20	☑	538	

记录：4 共有记录数：4

图 3-10 例 3-2 的检索结果

在本例中，SELECT 后的“*”表示选用所有字段输出。

在本例中，用操作符 and（表示“逻辑与”）来连接多个查询条件。在多个条件实施连接时，还可用连接符 or（表示“逻辑或”）。

【例 3-3】在“stu_info”数据表中，查找出入学成绩在 550 到 560 分之间的学生。执行的 SQL 命令为：

```
SELECT * FROM stu_info
WHERE entrance between 550 and 560
```

SQL 命令的执行结果如图 3-11 所示。

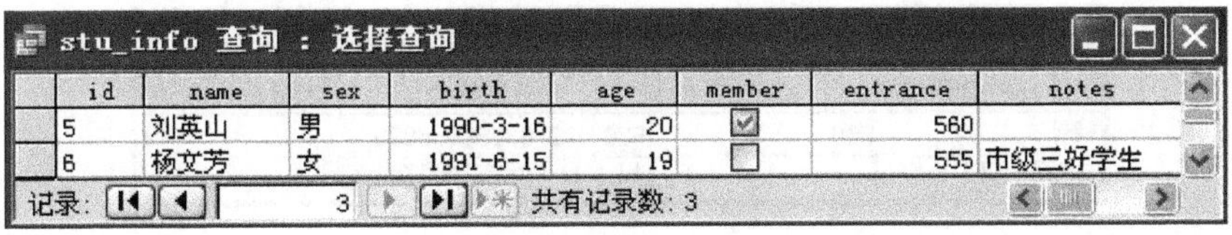

stu_info 查询 ： 选择查询

id	name	sex	birth	age	member	entrance	notes
5	刘英山	男	1990-3-16	20	☑	560	
6	杨文芳	女	1991-6-15	19	☐	555	市级三好学生

记录: 3 共有记录数: 3

图 3-11　例 3-3 的检索结果

在本例的筛选条件表达式中，用到了范围界定操作符 between。当表示不在某范围中时，也可用 not between 来界定。操作符 between 等同于“>=”和“<=”逻辑表达式的效果，操作符 not between 等同于“>”和“<”逻辑表达式的效果。

3. 排序查询

在排序查询中，可通过 ORDER BY 子句实现查询结果的排序输出。

【例 3-4】在“stu_info”数据表中，对所有学生的记录按年龄升序排序输出。执行的 SQL 命令为：

```
SELECT * FROM stu_info
ORDER BY age
```

SQL 命令的执行结果如图 3-12 所示。

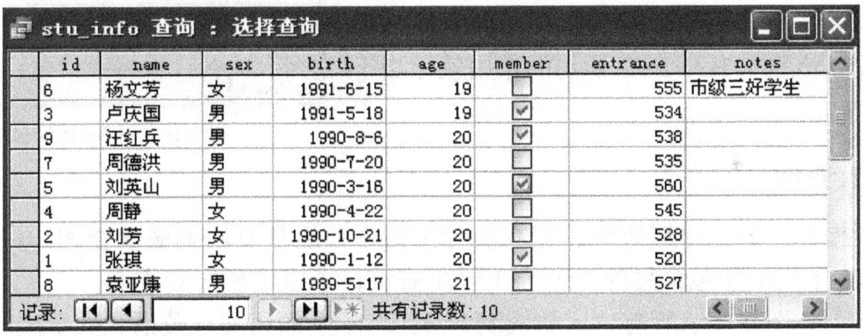

stu_info 查询 ： 选择查询

id	name	sex	birth	age	member	entrance	notes
6	杨文芳	女	1991-6-15	19	☐	555	市级三好学生
3	卢庆国	男	1991-5-18	19	☑	534	
9	汪红兵	男	1990-8-6	20	☑	538	
7	周德洪	男	1990-7-20	20	☐	535	
5	刘英山	男	1990-3-16	20	☑	560	
4	周静	女	1990-4-22	20	☐	545	
2	刘芳	女	1990-10-21	20	☐	528	
1	张琪	女	1990-1-12	20	☑	520	
8	袁亚康	男	1989-5-17	21	☐	527	

记录: 10 共有记录数: 10

图 3-12　例 3-4 的检索结果

在本例中，使用了 ORDER BY 子句的默认升序来实现查询结果的升序输出。

4. 带库函数查询

在 SELECT 语句中，可以使用 SQL 语言所提供的一些库函数，以增强查询功能。

【例 3-5】在“stu_info”数据表中，统计并输出入学成绩最高分、入学成绩最低分、平均年龄、本班总人数。执行的 SQL 命令为：

```
SELECT MAX (entrance) AS 成绩最高分, MIN (entrance) AS 成绩最低分,
AVG (age) AS 平均年龄, COUNT (*) AS 本班总人数
FROM stu_info
```

SQL 命令的执行结果如图 3-13 所示。

stu_info 查询 : 选择查询

成绩最高分	成绩最低分	平均年龄	本班总人数
560	520	19.8888888889	9

记录: 1 共有记录数: 1

图 3-13　例 3-5 的检索结果

在本例中，使用了 SQL 语言所提供的 5 个库函数，库函数经常结合分组子句来使用。

5. 分组查询

在实际应用中，经常需要将查询结果进行分组，然后再对每个分组进行统计，SQL 语言提供了 GROUP BY 子句和 HAVING 子句来实现分组统计。利用 SQL 语言的 GROUP BY 子句和 HAVING 子句，可将检索得到的数据依据某个字段的值划分为多个组后输出。

【例 3-6】在“stu_info”数据表中，统计男女生人数。执行的 SQL 命令为：

```
SELECT  sex, COUNT (*) AS 人数
FROM stu_info
GROUP BY sex
```

SQL 命令的执行结果如图 3-14 所示。

从上面的例子可以看出，当含有 GROUP BY 子句时，HAVING 子句可作记录的限制条件；而当无 GROUP BY 子句时，HAVING 子句的作用就相当于 WHERE 子句。

stu_info 查询 : ...

sex	人数
男	5
女	4

记录: 1

图 3-14　例 3-6 的检索结果

6. 嵌套查询

前面所提到的都是单层查询，但在实际生活中，经常要用到嵌套查询。在 SQL 语言中，WHERE 子句中常包含另外一个 SELECT 查询命令以实现嵌套查询。

【例 3-7】查询并显示所有“入学成绩 >=530”学生的语文、英语、数学成绩情况。执行的 SQL 命令为：

```
SELECT * FROM stu_score
WHERE ID IN (SELECT ID FROM stu_info WHERE entrance>=530)
```

可以查看 SQL 命令的执行结果如图 3-15 所示。

查询1

id	name	maths	english	chinese	science
3	卢庆国	134	118	112	170
4	周静	145	134	123	143
5	刘英山	130	108	96	227
6	杨文芳	95	128	120	212
7	周德洪	88	117	125	105
9	汪红兵	138	138	98	134

图 3-15　例 3-7 的检索结果

在此用到了 IN 运算符。可见，利用嵌套查询也可实现多表查询。

7. 多表查询

实现来自多个数据表的查询时，如果要引用不同数据表中的同名字段，需在字段名前加关系名，即用"关系名.属性名"的形式表示，以便区分。

【例 3-8】统计数学成绩在 120 分以上的学生，并列出学生的姓名、入学成绩、英语成绩。执行的 SQL 命令为：

```
SELECT stu_info.name,stu_info.entrance,stu_score.english
FROM stu_info,stu_score
WHERE stu_info.id=stu_score.id and stu_score.maths>=120
```

可以查看 SQL 命令的执行结果，如图 3-16 所示。

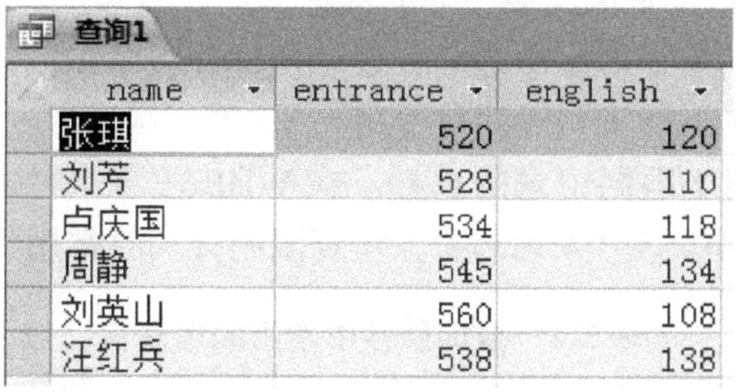

name	entrance	english
张琪	520	120
刘芳	528	110
卢庆国	534	118
周静	545	134
刘英山	560	108
汪红兵	538	138

图 3-16　例 3-8 的检索结果

🔍 问题探索：进一步了解 SELECT 语句

从上面我们可以看出，利用 SQL 语句可实现对数据库表多方面的查询，下面我们就对 SELECT 语句的用法进行更深入的介绍。

常见的 SELECT 语句语法形式为：

```
SELECT [ALL|DISTINCT][TOP< 数值表达式 >]
<Select 表达式 >[AS < 列名 >][,<Select 表达式 >[AS < 列名 >…]]
    FROM< 表名 >
    [WHERE< 逻辑条件 >]
    [GROUP BY< 组表达式 1>[, 组表达式 2…>]]
    [HAVING< 筛选条件 >]
    [ORDER BY< 关键字表达式 >[ASC|DESC]]
```

说明：

（1）Select 子句用于指定要包含在查询结果中的列。

① ALL 选项用于显示包括重复值在内的列的所有值；DISTINCT 选项用于消除重复的行；默认的选项是 ALL；TOP< 数值表达式 > 用于指定输出的记录数。

② <Select 表达式 > 既可为字段名，也可为函数（含自定义函数和系统函数），表 3-3

列出了常用到的函数。

表3-3　查询计算函数的格式及功能

函数格式	函数功能
COUNT（*）	计算记录个数
SUM（字段名）	求字段名所指定字段值的总和
AVG（字段名）	求字段名所指定字段的平均值
MAX（字段名）	求字段名所指定字段的最大值
MIN（字段名）	求字段名所指定字段的最小值

③ 如果指定查询结果要显示多个字段，字段之间要用逗号隔开；如果要显示表中所有字段，可用"*"表示；如果所选的字段来自不同的表，则字段名前应加表名前缀。

④ AS<列名>用于指定查询结果中列的标题。

（2）FROM 子句跟着一个或多个表名，表明从这些表中查找数据，多表名之间要用逗号隔开；FROM 子句与 Select 子句要同时使用。

（3）WHERE 子句用于限制记录的选择。在 WHERE 子句中可以有一个或多个条件，它们之间用 and 和 or 连接。表 3-4 列出了在实现限制查询时常用到的运算符。

表3-4　查询条件中常用的运算符

运算符	实　例
=、>、<、>=、<=、<>	英语 >90
not、and、or	英语 <80 and 英语 >70
like	性别 like " 男 "
between and	英语 between 70 and 90
is null	英语 is null

（4）GROUP BY 子句用于对数据分组输出，HAVING 子句跟随 GROUP BY 子句使用，用于限定分组必须满足的筛选条件。

（5）ORDER BY 子句用来使数据排序后输出。在 ORDER BY 子句中，可以指定一个或多个字段作为排序键；ASC 表示升序，DESC 表示降序，ORDER BY 子句默认的设置是升序。

SELECT 命令用于查询时所选的子句有很多，但其基本形式可简化为 SELECT…FROM[WHERE] 结构。如果能灵活配上 GROUP BY、ORDER BY、HAVING 等子句，将能实现用途广泛的各种查询，并将结果输出到不同的目标。

知识拓展：结构化查询语言（SQL）的功能

SQL（Structured Query Language，结构化查询语言）最早于 1974 年由 Boyce 公司和 Chamberlin 公司提出。SQL 语言具有结构简洁、功能强大、使用灵活、简单易学等优点。目前，SQL 语言不仅为绝大多数商品化关系数据库系统如 Oracle、Sybase、DB2、Informix、SQL Server 等所采用，同时还对数据库以外的领域也产生了很大的影响，如现在不少应用软件已将 SQL 语言强大的数据查询功能与图形功能、软件开发工具、人工智能程序等有机结合起来。

SQL 虽然被称为"查询语言"，其功能却不仅仅是查询。它的功能包括数据定义、数据操纵、数据库控制、事务控制四个方面，是一个综合、通用、功能强大的关系数据库语言。

（1）数据定义：用于定义和修改数据库对象，如 CREATE TABLE（创建表）、DROP TABLE（删除表）等。

（2）数据操纵：对数据的增加、删除、修改和查询操作，如 SELECT（查询数据）、INSERT（插入数据）、DELETE（删除数据）、UPDATE（修改数据）等。

（3）数据库控制：控制用户对数据库访问权限，如 GRANT（授予权利）、REVOKE（取消权利）。

（4）事务控制：控制数据库系统事务的运行，如 COMMIT（事务提交）、ROLLBACK（事务撤销）等。

SQL 具有非常强大的数据库处理功能，但数据库的数据查询功能则是 SQL 语言的核心功能。在 SQL 语言中，查询数据是通过 SELECT 语句实现的。

小　结

SQL（Structure Query Language，结构化查询语言）是与数据库进行交互操作的一种标准命令集，SQL 语言作为关系数据库的标准语言，它的功能包括数据定义、数据操纵、数据库控制、事务控制四个方面，但数据库的数据查询功能则是 SQL 语言的核心功能。在 SQL 语言中，查询数据是通过 SELECT 语句实现的。

本任务主要是熟悉 SQL 语言 SELECT 命令的使用方法，同时掌握 SQL 语言对数据记录的添加、更新、删除及查询等操作的语法。

思考题

1. 什么是 SQL 语句？它有什么特点？
2. 掌握 SQL 语句的语法及添加、更新、删除及查询等操作的 SQL 语句。

任务三　网络数据库的连接

任务引出

网站站点的建立和网络数据库的连接是创建并制作动态网页的前提条件。只有创建了网络数据库连接，ASP 应用程序才能访问服务器上的数据库，从而实现客户端和服务器端的通信。

在完成动态站点定义后，便可以在 Dreamweaver 中创建网络数据库连接了。在本任务中将通过 ODBC 驱动程序来连接网络数据库。

作品预览

在完成网络数据库连接后，按下 Ctrl+Shift+F10 组合键，切换到"应用程序"控制面板下的"数据库"选项卡，并依次展开"conn"→"表"，将看到数据表"stu_info""stu_score"名称及数据表的字段信息，具体如图 3-17 所示。

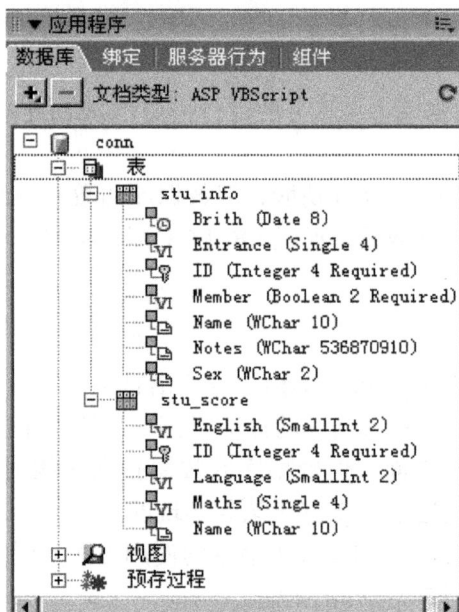

图 3-17 网络数据库成功连接

实践操作

通过 ODBC 连接数据库，主要有数据源名称（DSN）数据库连接和自定义连接字符串数据库连接两种方式。

1. DSN 数据库连接

DSN（Data Source Name，数据源名称）是应用程序和数据库连接的信息集合，在连接中用 DSN 来代表用户名、服务器名、所连接的数据库名等。使用 DSN 连接数据库的工作主要分为创建 DSN 连接、通过 DSN 来创建数据库连接两个过程。

（1）创建 DSN 连接。创建 DSN 连接的具体步骤如下。

① 在 Windduos XP 环境下，依次选择"开始"→"控制面板"→"性能和维护"→"管理工具"命令，打开"管理工具"对话框，如图 3-18 所示。

图 3-18　"管理工具"对话框

②双击"数据源（ODBC）"图标，即可打开"ODBC 数据源管理器"对话框，如图 3-19 所示。

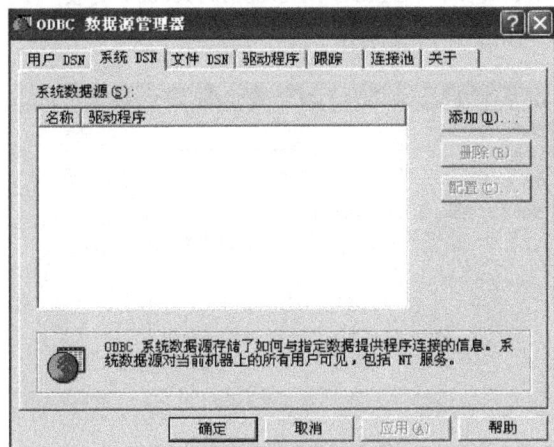

图 3-19　"ODBC 数据源管理器"对话框

③选择"系统 DSN"选项卡，单击"添加"按钮，在弹出的"创建新数据源"对话框中选择"Driver do Microsoft Access（*.mdb）"选项，然后单击"完成"按钮，如图 3-20 所示。

图 3-20　"创建新数据源"对话框

④在弹出的"ODBC Microsoft Access 安装"对话框中，单击"选择"按钮，在打开的"选择数据库"对话框中定位到数据库文件的存放位置，选择已存在的数据库文件，如图 3-21 所示。

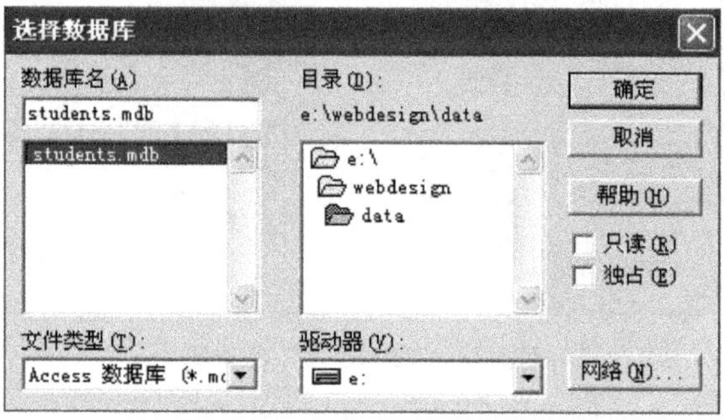

图 3-21 "选择数据库"对话框

⑤单击"确定"按钮，返回"ODBC Microsoft Access 安装"对话框，在"数据源名"文本框中输入数据源名，如图 3-22 所示。

图 3-22 数据源名定义

⑥单击"确定"按钮，返回到"ODBC 数据源管理器"对话框，在"系统 DSN"选项卡的"系统数据源"列表框中可发现成功创建了一个系统 DSN 连接，如图 3-23 所示。

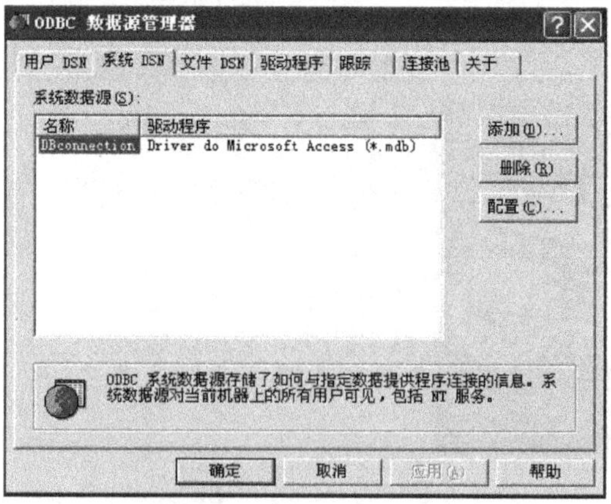

图 3-23 完成 DSN 连接创建

（2）通过 DSN 来创建数据库连接，具体步骤如下。

①在 Dreamweaver 中定义动态站点，并创建一个 ASP 文件。

②打开"应用程序"面板的"数据库"选项卡，单击"添加"按钮，在下拉列表中选择"数据源名称（DSN）"，如图 3-24 所示。

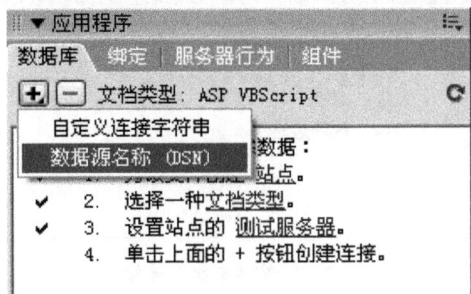

图 3-24 添加"数据源名称（DSN）"

③在弹出的"数据源名称（DSN）"对话框中，定义好连接名称和数据源名称，如图 3-25 所示。

图 3-25 定义数据源

④单击"测试"按钮，测试 Dreamweaver 与数据库的连接情况，如果连接成功则会出现如图 3-26 所示的提示框，单击"确定"按钮。

图 3-26 数据库连接成功提示框

⑤单击"数据源名称（DSN）"对话框中的"确定"按钮，即可在 Dreamweaver "应用程序"面板的"数据库"选项卡中，看到刚新定义的数据库连接，如图 3-27 所示。

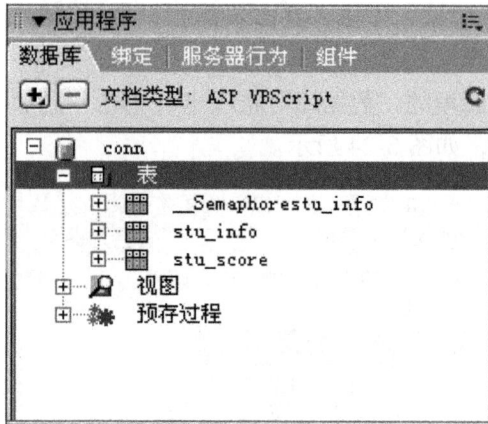

图 3-27　完成数据库连接

2. 自定义连接字符串数据库连接

通过自定义连接字符串来创建数据库连接，具体步骤如下。

（1）在 Dreamweaver 已定义的动态站点中，创建一个 ASP 文件。

（2）打开"应用程序"面板的"数据库"选项卡，单击"添加"按钮，在下拉列表中选择"自定义连接字符串"，如图 3-28 所示。

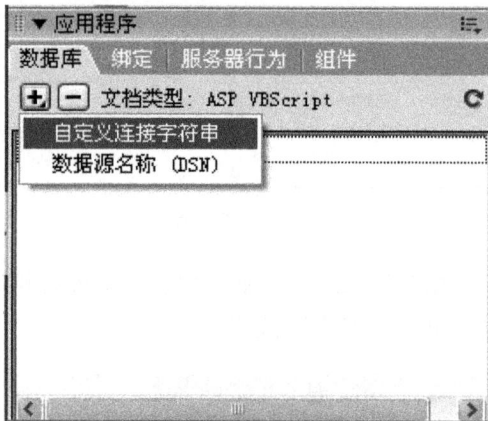

图 3-28　选择"自定义连接字符串"

（3）在弹出的"自定义连接字符串"对话框中设置连接名称，如图 3-29 所示。

图 3-29　"自定义连接字符串"对话框

项目三　网络数据库的配置与使用

在"连接字符串"文本框中设置连接字符串，在 Microsoft Access 数据库中连接字符串分为 ODBC 和 OLE DB 两种连接方式，其具体格式如下。

ODBC 方式：

```
Driver={Microsoft Access Driver (*.mdb)};DBQ=e:/webdesign/students.mdb
```

OLE DB 方式：

```
Provider=Microsoft.jet.oledb.4.0;data source= e:/webdesign/students.mdb
```

在以上两种连接方式中，数据库的存放路径都使用静态绝对路径。但将网页上传到服务器上时，通常不知道数据库的物理路径，只能够知道其相对于网站根目录的虚拟路径，如"/webdesign/students.mdb"，这时就需要使用 Server.MapPath() 将虚拟路径转换为物理路径。其具体格式如下。

ODBC 方式：

```
"Driver={Microsoft Access Driver
(*.mdb)};DBQ="&Server.MapPath("/webdesign/students.mdb")
```

OLE DB 方式：

```
"Provider=Microsoft.jet.oledb.4.0;data
source="&Server.MapPath("/webdesign/students.mdb")
```

可以选择以上任何一种自定义字符串格式，并选择"使用测试服务器上的驱动程序"选项，如图 3-30 所示。

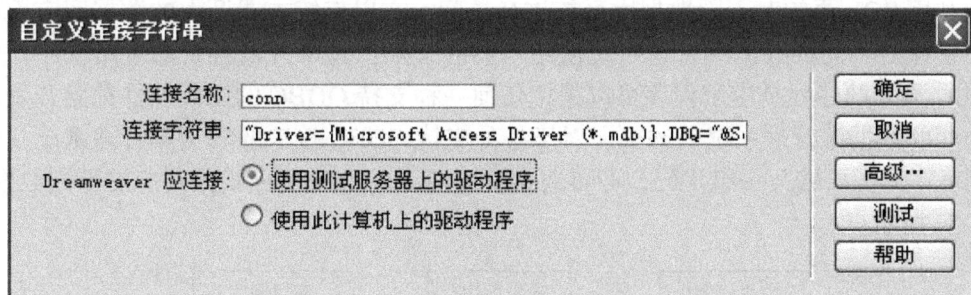

图 3-30　定义连接字符串

（4）单击"测试"按钮，测试 Dreamweaver 与数据库的连接情况，如果连接成功，则会出现如图 3-24 所示的提示框。

（5）单击"自定义连接字符串"对话框中的"确定"按钮，即可在 Dreamweaver"应用程序"面板的"数据库"选项卡中看到一个名为"conn"的数据库连接，如图 3-31 所示。

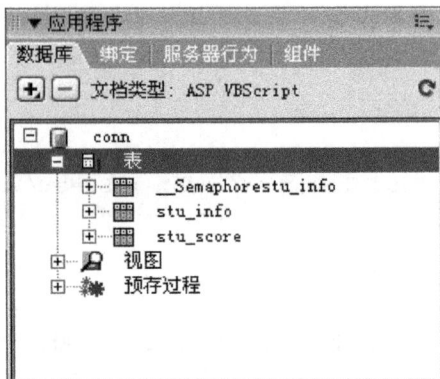

图 3-31　完成数据库连接

问题探索：两种网络数据库连接方式的比较

　　上面介绍了 DSN 数据库连接和自定义连接字符串数据库连接两种方式。采用 DSN 数据库连接方式进行连接需要在 Web 服务器上创建数据源，对于一般用户来说都不可能对服务器进行操作，而使用自定义连接字符串数据库连接方式就可以成功避免这一点；与 DSN 不同，自定义连接字符串是一个包含了很多参数的字符串，其间用分号分割，这些参数包含了 Web 应用程序在服务器上连接数据库所需的全部信息。

知识拓展：ODBC 技术

　　ODBC（Open Database Connectivity，开放式数据库互连）是微软公司倡导的数据库服务器连接标准，它向访问 Web 数据库应用程序提供一种通用的接口。在其支持下，一个应用程序可以通过一组通用的代码实现对各种不同数据库管理系统的访问。通过 ODBC 访问数据库的方式是基于 SQL 语言的，各种应用程序透过不同的 ODBC 驱动程序，可以实现利用 SQL 语句对不同数据库系统进行访问。在以传统方式开发的数据库应用程序中，需要针对不同的数据库管理系统使用不同的开发工具来开发各自的应用程序，而采用 ODBC 最大的好处是应用程序可以采用任何一种支持 ODBC 的工具软件独立开发，不受所访问的数据库管理系统的约束。对于各种支持 ODBC 接口的数据库管理系统，每一个应用程序只需要编写一组代码，即可通过不同 ODBC 驱动程序访问对应的不同数据库，如图 3-32 所示。

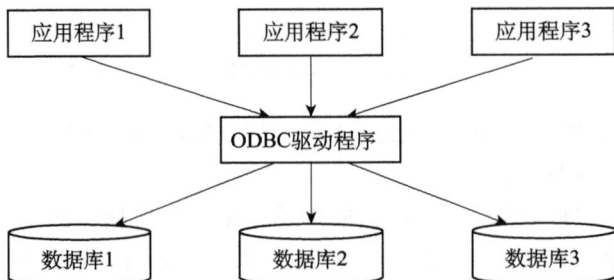

图 3-32　通过 ODBC 访问数据库的方法

ODBC 作为一个工业标准，绝大多数的数据库厂商、应用软件及工具软件厂商都为自己产品提供了 ODBC 接口或提供 ODBC 支持，如 SQL Server、Access、FoxPro、Oracle 等，因此编程人员在开发过程中不需要去了解不同厂商的数据库产品的差异，而只需要专注于应用程序本身功能的开发即可，这大大简化了开发过程。

一个完整的 ODBC 由下列几个部分组成。

（1）应用程序：处理和调用 ODBC 数据源以提供 SQL 语句和检索结果，如 ASP 应用程序。

（2）ODBC 管理器：管理安装的 ODBC 驱动程序和数据源。

（3）驱动程序管理器：管理 ODBC 驱动程序，是 ODBC 中最重要的部件。

（4）ODBC API：即 ODBC 应用程序接口，为程序访问数据库提供接口。

（5）ODBC 驱动程序：提供 ODBC 和数据库之间的接口。

（6）数据源：它包含了数据库位置和数据库类型等信息，实际上它是数据连接的抽象描述。

ODBC 各部件之间的关系，如图 3-33 所示。

每个数据库引擎都需要向 ODBC 驱动程序管理器注册它自己的 ODBC 驱动程序，这种驱动程序对于不同的数据库引擎是不同的。ODBC 驱动程序管理器能将与 ODBC 兼容的 SQL 请求，从应用程序传给这种独一无二的驱动程序，随后由驱动程序把对数据库的操作请求，翻译成相应数据库引擎所提供的固有调用，再对数据库实现访问操作。

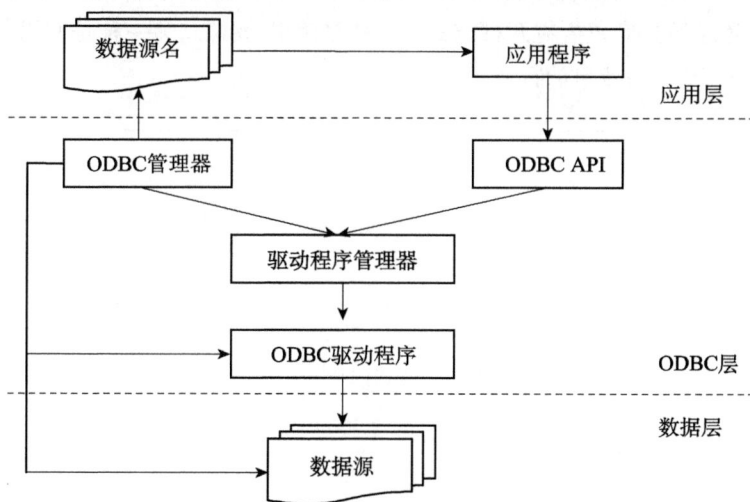

图 3-33　ODBC 各部件之间的关系

应用程序要访问一个数据库，必须用 ODBC 管理器注册一个数据源，管理器根据数据源提供的数据库位置、数据库类型及 ODBC 驱动程序等信息，建立 ODBC 与具体数据的联系。这样，只要应用程序将数据源名提供给 ODBC，ODBC 就能建立起与相应数据库的连接。

小　结

网站站点的建立和网络数据库的连接是创建并制作动态网页的前提条件。只有创建了网络数据库连接，ASP 应用程序才能访问服务器上的数据库，从而实现客户端和服务器端的通信。在商务网站建设的过程中，在完成动态站点定义后，便可以在 Dreamweaver 中创建网络数据库连接。在本任务中主要介绍了通过 ODBC 驱动程序来连接网络数据库与自定义连接字符串的方式来连接网络数据库，同时指出了这两种连接方法的特点。

思考题

1. 网络数据库连接的主要方法有哪些？

2. 通过 ODBC 驱动程序连接网络数据库与自定义连接字符串连接网络数据库，这两种方式有什么异同点？

项目知识梳理与总结

1. 网络数据库在电子商务动态网站建设中具有核心地位，在创建动态网页前必须要先创建网络数据库表。

2. SQL 是与数据库进行交互操作的一种标准命令集。在 SQL 语言中，查询数据是通过 SELECT 语句实现的。

3. 如果想要 ASP 应用程序访问服务器上的数据库，就必须要创建一个数据库连接。通过 ODBC 连接数据库主要有两种方式：一种是使用 DSN；另一种是使用自定义连接字符串。两种方法都有各自的特点。

会员注册与登录功能制作

实训目的

掌握注册功能模块前台页面、后台页面的制作和相关数据表的设计，了解电子商务网站用户登录验证系统设计过程中的要点，掌握实现注册功能的 ASP 代码编写。

实训重点：注册功能模块前台页面、后台页面的制作及相关数据表的设计。

学习难点：实现注册功能与登录功能的 ASP 代码编写。

项目导航

会员注册与登录功能是中小企业商务网站中最常见的功能模块之一，该功能是实现商务网站管理的基础。在本项目中，以"浙江吴越商贸机械有限公司"网站为例，将系统地介绍会员注册页面、会员登录页面等相关页面前后台功能的制作方法。

任务一　会员注册功能模块的制作

任务引出

会员注册功能是商务网站中必不可少的功能之一，该功能主要是帮助浏览者成功地注册成网站会员，为以后开展相关的商务活动做准备。

在本任务中，要求完成浙江吴越商贸机械有限公司注册功能模块前台页面、后台页面的制作和相关数据表的设计，成功实现用户注册的功能。

作品预览

会员注册功能效果演示

打开并运行站点文件夹中的注册页面文件"zc.asp"，注意观察"注册页面"。可以看到，注册页面中主要包含"用户名""密码""邮箱""姓名""性别""出生年月""学历""地址"这些内容。具体网页的预览效果，如图4-1所示。

当用户的注册信息输完了，单击"重新填写"按钮可以清空输入的注册信息，单击"注册提交"按钮将注册信息提交到"zc1.asp"中并通过"zc1.asp"页面将注册信息写入到数据库中，并显示注册成功的信息。具体网页的预览效果，如图4-2所示。

用户注册

欢迎注册本网站

用户名：
密　码：
邮　箱：
姓　名：
性　别：○ 男 ○ 女
出生年月：1997 ▼ 年 01 ▼ 月
学　历：专科 ▼
地　址：

注册提交　重新填写

图 4-1 "浙江吴越商贸机械有限公司"注册页面

用户注册

恭喜您，注册成功了，3秒后返回网站首页！

图 4-2 注册成功页面

实践操作

创建数据库设计用户注册数据表

1. 设计数据库表

启动 Access 程序，新建一个名为"wzjs.mdb"的数据库，然后在数据库中创建一张名为"yh"的数据表。

"yh"数据表由"id""yhm""mm""yx""xm""xb""csny""xl""dz""dj""zcsj"11 个字段构成，其属性和说明具体情况参见表4-1。

表 4-1　"yh"数据表各个字段的数据类型及说明

字段名称	数据类型	备注说明
id	自动编号	用户编号
yhm	文本	用户名
mm	文本	用户密码
yx	文本	注册邮箱
xm	文本	真实姓名
xb	文本	性别
csny	文本	出生日期
xl	文本	学历层次
dz	文本	通信地址
dj	数字	用户等级
zcsj	日期／时间	注册时间

注意：将"id"字段设置为主键。"dj"字段表示用户等级，其值分为两种：当普通用户时，"dj"字段值为"0"；当网站管理员或者公司管理人员登录时，"dj"字段值为"1"。"dj"字段的默认值设为"0"。

为了网站管理的方便，在"yh"数据表中手动添加名为"admin"的管理员，密码也设置为"admin"。

2. 建立站点数据库连接的网页

在 Dreamweaver 环境下，新建"swwzjs"站点，选择"文件"→"新建"命令，创建 ASP VBScript 页面，并将网页保存为"conn.asp"。切换到"代码视图"，删除"conn.asp"页面中的代码，再输入数据库连接的代码，然后单击"保存"按钮。

打开"conn.asp"页面，切换到"代码视图"，输入的数据库连接的代码为：

设计数据库连接页面

```
<%
set conn=server.CreateObject("adodb.connection")'创建连接对象
conn.open "driver=microsoft access driver (*.mdb);dbq="&server.
MapPath("data/wzjs.mdb")
%>
```

注意：

① server.CreateObject("adodb.connection") 表示创建的连接对象。

② server.MapPath("data/wzjs.mdb") 表示数据库所存放的路径。

"conn.asp"页面中相关的连接代码输入完成之后，可以预览和测试一下。

注意：

①如果"conn.asp"页面中代码输入正确，预览后将显示空白网页，没有其他提示信息，如图 4-3 所示。

②如果"conn.asp"页面中代码输入错误，会提示相关的错误信息，如图 4-4 所示（数据库存放路径书写错误）。

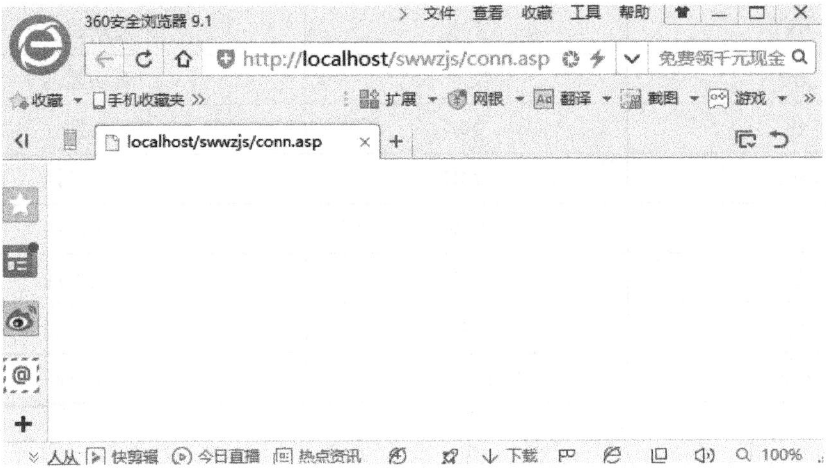

图 4-3　Conn.asp 预览成功界面（代码正确的情况）

图 4-4　Conn.asp 预览报错界面（数据库存放路径书写错误）

"conn.asp"为进行数据库连接的网页，在以后的网站功能模块制作中，可以根据需要通过"服务器端包含"指令随时调用，方便网站制作需要。

3. 设计用户注册信息提交页面

在 Dreamweaver 环境下，打开"swwzjs"动态站点文件"index.asp"（即项目二中已经完成的"index.asp"），选择"文件"→"另存为"命令，将网页另存为"zc.asp"。然后将"zc.asp"页面中的主体内容稍

设计用户注册信息提交
页面

作设计，具体制作效果，如图 4-5 所示。

选中"用户名"字段所对应的文本框，命名为"yhm"；选中"密码"字段所对应的文本框，将其命名为"mm"；选中"邮箱"字段所对应的文本框，将其命名为"yx"；选中"姓名"字段所对应的文本框，将其命名为"xm"；选中"性别"字段所对应的单元按钮，将其命名为"xb"；选中"出生年月"字段所对应的下拉菜单，将"年"字段的下拉菜单命名为"nian"，将"月"字段的下拉菜单命名为"yue"；选中"学历"字段所对应的下拉菜单，将其命名为"xl"；选中"地址"字段所对应的文本框，将其命名为"dz"。

添加 form 表单，使表单的开始标签与结束标签包围整个会员注册模块。同时将"表单名称"设为"form 1"，将表单的"动作"（action）属性设置为"zc1.asp"，"方法"（method）属性设置为"POST"，如图 4-6 所示。

图 4-5　浙江吴越商贸机械有限公司会员注册页面

图 4-6　表单动作定义界面

4. 设计用户注册信息提交处理页面

利用前面的模板，设计会员注册信息后台处理页面"zc1.asp"，具体设计制作效果，如图 4-7 所示。

设计用户注册信息提交处理页面并进行测试预览

图 4-7　会员注册信息后台处理页面

"zc1.asp"是会员注册信息后台处理界面，该网页中将注册信息写入到数据库中的技术实现代码如下。

① 首先必须连接数据库，调用连接数据库的语句为：

```
<!--#include file="conn.asp"-->
```

② 将用户注册信息写入到"yh"数据表，其功能实现的 ASP 代码为：

```
<%
yhm=request.form("yhm")
mm=request.form("mm")
mmchk=request.form("mmchk")
if cstr(trim(request.form("mm")))<>cstr(trim(request.form("mmchk")))
then
response.Write "<script LANGUAGE='javascript'>alert(' 您输入的密码和密码确
认不一致!');history.go(-1);</script>"
response.end
end if
yx=request.form("yx")
xm=request.form("xm")
xb=request.form("xb")
nian=request.form("nian")
yue=request.form("yue")
csny=nian&" 年 "&yue&" 月 "
xl=request.form("xl")
dz=request.form("dz")

set rs=server.createobject("adodb.recordset")
rs.open "yh",conn,1,3
rs.addnew
rs("yhm")=yhm
rs("mm")=mm
rs("yx")=yx
rs("xm")=xm
rs("xb")=xb
rs("csny")=csny
rs("xl")=xl
rs("dz")=dz
rs("zcsj")=now()
rs.update
rs.close
set rs=nothing

response.write "<br><br><br><div align=center> 恭喜您，注册成功了，3 秒后返
回网站首页! </div>"
%>
```

③ "系统将在 3 秒钟之后返回网站首面！"功能实现的代码。

可以在 zc1.asp 代码界面的最上面插入 <meta> 标签，具体语句属性的设置如下：

```
<meta http-equiv="refresh" content="3;url='index.asp'">
```

注意：<meta> 标签中，content 属性中的 3 表示 3 秒钟，url 表示所要返回的链接地址。

5. 保存网页并进行预览和测试

网页测试的效果如图 4-1 和图 4-2 所示。

注意：在进行测试的时候必须从 "zc.asp" 开始。

问题探索：表单基本用法

在前面，我们已经多次用到了表单。实际上，作为从 Web 访问者那里收集信息的一种方法，表单在网页中的作用不可小视。表单可以用于登录、注册、订购等，甚至在浏览者使用搜索引擎查找信息时，查找的关键字都是通过表单提交到服务器上的。

表单为了处理各种用户信息，包含了允许用户进行交互的各种对象，包括文本框、列表框、复选框和单选按钮等。表单的 <form></form> 标签包含一些参数，使用这些参数可以指定处理表单数据的对象，如 ASP 应用程序，而且还可以指定将数据从浏览器传输到服务器时要使用的 HTTP 方法。表单的基本用法如下：

```
<form action="adminadd.asp" method="post" enctype="multipart/form-
data" name="form1" target="_blank">
</form>
```

其中，

（1）action：用于设定处理表单数据程序 URL 的地址，这样的程序通常是 ASP 应用程序。

（2）method：指定数据传送到服务器的方式，有两种主要的方式，即 get 方式和 post 方式。

（3）name：用于设定表单的名称。

（4）target：指定输出结果显示在哪个窗口，这需要与 <form> 标记配合使用。

注意：method 属性中 get 方式和 post 方式的区别。

① get 提交表单中的内容在链接处是可见的，post 则不可见。

② post 相对于 get 更安全。

③ post 不限制大小，get 有大小限制（一般要小于 2048 字节）。

举例如下。

· get：提交的数据量要小于 2048 字节，表单提交时表单域数值（表单请求的信息，如账号、密码…）将在地址栏中显示。

```
<!DOCTYPE html>
<html>
<head>
<title> 测试 get 提交数据方法 </title>
</head>
<body>
<center>
<form action="https://www.baidu.com" method="get">
<p>用户名：<input type="text" name="name"/></p>
<p>密码：<input type="password" name="pwd"/></p>
<input type="submit" value=" 登录 ">
</form>
</center>
</body>
</html>
```

登录主界面，如图 4-8 所示。

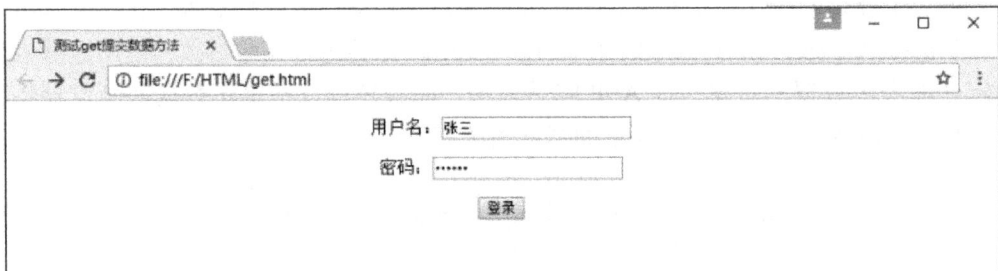

图 4-8　登录主界面

跳转页面，如图 4-9 所示。

图 4-9　跳转页面

• post: 传递的数据量不受限制，表单提交时表单的域值（表单请求的信息，如账号、密码…）不会在地址栏中显示，安全性能较高，对信息进行了隐藏，一般在开发中采用 post。

```
<!DOCTYPE html>
<html>
<head>
<title>测试 post 提交数据方法</title>
</head>
<body>
<center>
<form action="https://www.baidu.com" method="post">
<p>用户名：<input type="text" name="name"/></p>
<p>密码：<input type="password" name="pwd"/></p>
<input type="submit" value=" 登录 ">
</form>
</center>
</body>
</html>
```

登录主界面，如图 4-10 所示。

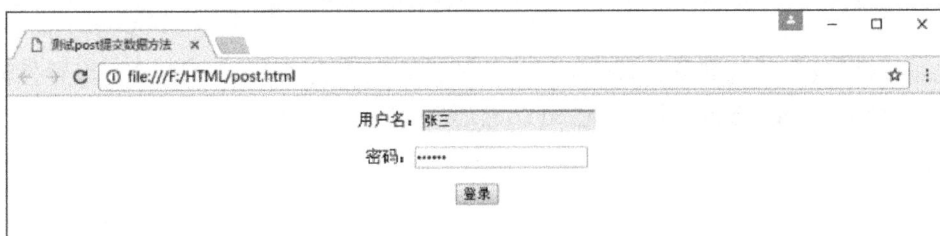

图 4-10 登录主界面

跳转页面，如图 4-11 所示。

图 4-11 跳转页面

知识拓展：Response 对象

在 Dreamweaver 中制作向客户端输出信息的页面是件轻松的事情，但若利用 ASP 生成动态页面，这就需要借助 Response 对象来完成向客户端输出信息。

Response 对象的主要功能是向浏览器输出信息，包括直接发送信息给浏览器，重定向浏览器到另一个 URL 或设置。Response 对象包含有若干集合、方法和属性，不包含事件，其语法格式如下：

```
Response.collection | property | method
```

其中，collection 表示 Response 对象集合，Response 对象只有 cookies 一个数据集合；property 表示 Response 对象的属性；method 表示 Response 对象的方法，3 个参数只能选择其中一个。

Response 对象只有一个数据集合——cookies，它可在用户的浏览器上留下特定记号，以便 Web 站点从中提取相应信息。cookies 其实是一个标签，当访问一个需要唯一标识用户网址的 Web 站点时，它会在用户的硬盘上留下一个标记，下一次用户访问同一个站点时，站点的页面会查找这个标记。cookies 默认在整个站点的所有页面都可以访问。Response 对象 cookies 集合的语法格式为：

```
Response.cookies(name)[(key)|.attribute]=value
```

其中，name 是 cookies 的名称；key 为可选参数，如果定义了 key，则 value 设置任何属性值将属于这个 key；attribute 用于指定 cookies 自身的有关信息。

具体用法举例如下：

```
<%
Response.cookies("用户")("名字")="张仕军"
Response.cookies("用户")("密码")="123456"
Response.cookies("用户")("性别")="男"
Response.cookies("用户")expires="2010-12-15 11:20"
%>
```

小　结

会员注册功能是商务网站中必不可少的功能之一，该功能主要是帮助浏览者成功地注册成网站会员，为以后开展相关的商务活动做准备。本任务通过浙江吴越商贸机械有限公司注册功能模块前台页面、后台页面的制作和相关数据表的设计，成功实现了用户注册的功能，在完成的过程中要求掌握该功能在制作过程中的要点和注意点。

思考题

1. 注册功能数据库设计有哪些要点？
2. 列出会员注册功能前台页面与后台页面设计的注意点和 ASP 代码。

任务二 会员登录功能模块的制作

任务引出

会员登录功能模块是会员进入会员管理系统的入口，只有登录的用户才有管理网站的功能。会员登录主要通过判断用户输入的会员名和密码是否与数据库中的会员名和密码相同来实现，相同则登录成功，如果不相同，则弹出提示信息。现在许多网站在登录页面中利用验证码技术，阻止一些非法的操作。

在本任务中，将为"浙江吴越商贸机械有限公司"网站完成用户登录功能的页面制作，以方便用户的管理操作。

作品预览

打开并运行站点文件夹中的登录页面文件"dl.asp"。可以看到，登录页面中主要包含"账号"、"密码"和"验证码"这些内容。网页具体的预览效果，如图4-12所示。

当管理员要登录时，分别在"账号"、"密码"和"验证码"所对应的文本框中输入相应的信息，单击"登录"按钮时，如果所输入的信息与数据库中已经存在的账号和密码相一致，并且验证码也输入正确的话，便可以成功地登录到网站中去，登录成功的页面，预览效果如图4-13所示。如果所输入验证码与系统生成的验证码不一致，系统将会出现验证码错误的提示信息，具体效果如图4-14所示。如果所输入的信息与数据库中已经存在的账号和密码不一致，便会给出登录失败的提示信息，具体效果如图4-15所示。

会员登录功能演示

图4-12 "浙江吴越商贸机械有限公司"网站管理登录界面

图4-13 网站管理登录成功界面

图 4-14　验证码输入错误系统给出的报错信息

图 4-15　登录失败时界面

实践操作

1. 用户登录页面的制作

将所要用到的素材图片复制到站点文件夹中，在 Dreamweaver 环境下，选择"文件"→"新建"命令，创建 ASP VBScript 页面，并将网页保存为"dl.asp"。具体的制作效果，如图 4-16 所示。

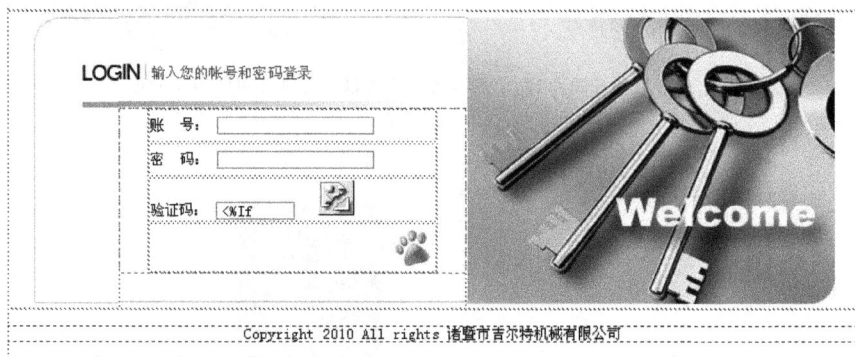

登录功能前台页面的设计

图 4-16　用户登录界面

选中"账号"字段所对应的文本框，命名为"yhm"；选中"密码"字段所对应的文本框，将其命名为"mm"；选中"验证码"字段所对应的文本框，将其命名为"verifycode"，并在该文本框后面新建"<img >"标签，并将其"源文件"设置为"code.asp"，如图4-17所示，"code.asp"中的代码将在下面的内容中讲到。

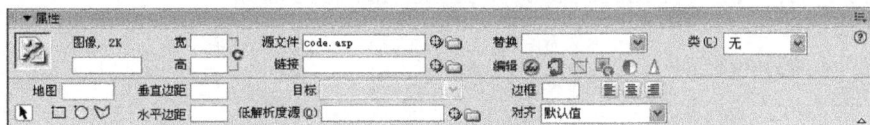

图 4-17　验证码显示功能设置

添加表单，使表单的开始标签与结束标签包围整个会员登录模块。同时选中表单"form1"，将表单的"动作"（action）属性设置为"login1.asp"，"方法"（method）属性设置为"POST"，如图4-18所示。

图 4-18　表单动作定义界面

2. 设计验证码显示功能"code.asp"中的代码

验证码显示功能主要是随机产生四位数的验证码，这个功能主要涉及 code.asp、body.fix 和 head.fix 三个文件。这三个文件都可以从素材文档中复制过来，直接放在站点根目录下面即可。其中，"code.asp"中的代码的主要功能是当网页刷新时，实现随机出现四位数的验证码的功能。其具体的代码如下：

登录验证码功能的设计

```
<%
Option Explicit
Response.buffer=true
NumCode
Function NumCode()
    Response.Expires = -1
    Response.AddHeader "Pragma","no-cache"
    Response.AddHeader "cache-ctrol","no-cache"
    On Error Resume Next
    Dim zNum,i,j
    Dim Ados,Ados1
    Randomize timer
    zNum = cint(8999*Rnd+1000)
    Session("GetCode") = zNum
    Dim zimg(4),NStr
    NStr=cstr(zNum)
```

```
For i=0 To 3
        zimg(i)=cint(mid(NStr,i+1,1))
Next
Dim Pos
Set Ados=Server.CreateObject("Adodb.Stream")
Ados.Mode=3
Ados.Type=1
Ados.Open
Set Ados1=Server.CreateObject("Adodb.Stream")
Ados1.Mode=3
Ados1.Type=1
Ados1.Open
Ados.LoadFromFile(Server.mappath("body.Fix"))
Ados1.write Ados.read(1280)
For i=0 To 3
        Ados.Position=(9-zimg(i))*320
        Ados1.Position=i*320
        Ados1.write ados.read(320)
Next
Ados.LoadFromFile(Server.mappath("head.fix"))
Pos=lenb(Ados.read())
Ados.Position=Pos
For i=0 To 9 Step 1
    For j=0 To 3
        Ados1.Position=i*32+j*320
        Ados.Position=Pos+30*j+i*120
        Ados.write ados1.read(30)
    Next
Next
Response.ContentType = "image/BMP"
Ados.Position=0
Response.BinaryWrite Ados.read()
Ados.Close:set Ados=nothing
Ados1.Close:set Ados1=nothing
End Function
%>
```

3. 制作登录功能实现的后台处理页面"dl1.asp"

会员登录主要通过判断用户输入的用户名和密码是否与数据库中的会员名和密码相同来实现，相同则登录成功，如果不相同，则弹出提示信息。

具体功能实现的过程如下。

① 首先必须连接数据库，调用连接数据库的语句为：

登录功能后台页面的设计

```
<!--#include file="conn.asp"-->
```

② 用户登录功能实现的 ASP 代码为：

```
<%
a=request.form("yhm")' 收集 "yhm" 文本框中的信息
b=request.form("mm")' 收集 "mm" 文本框中的信息
d=request.form("yzm")' 收集 "yzm" 文本框中的信息
if a="" and b="" then' 检查 "yhm" 和 "mm" 的值是否为空
response.Write "<script LANGUAGE='javascript'>alert(' 请输入您的用户名或密
码! ');history.go(-1);
</script>"
response.end
end if
if cstr(session("getcode"))<>cstr(trim(d)) then        ' 检查验证码输入是否正确
response.Write "<script LANGUAGE='javascript'>alert(' 请输入正确的验证
码! ');history.go(-1);
</script>"
response.end
end if
set rs=server.CreateObject("adodb.recordset")
sql="select * from yh where yhm='"&a&"'and mm='"&b&"'"
rs.open sql,conn
if rs.eof and rs.bof then' 从头查到尾都没有查询到符合条件的记录
response.Redirect "sb.asp"' 登录失败跳转到 "sb.asp" 页面
response.end
end if
session("yhm")=a'Session 变量的定义
session("dj")=rs("dj")
rs.close
set rs=nothing
response.Redirect "cg.asp"' 登录成功跳转到 "cg.asp" 页面
%>
```

4. 利用模板设计登录失败的页面"sb.asp"和登录成功的页面"cg.asp"

登录失败的页面，如图 4-19 所示，登录成功页面，如图 4-20 所示。

5. 保存网页进行预览测试

在预览测试之前，打开"wzjs.mdb"数据库，再打开"yh"数据表，手动添加一个管理员账户的信息，然后进行管理员登录过程的验证。具体测试的效果，如图 4-12 ～图 4-15 所示。

登录成功页面和登录
失败页面完善

6. 登录成功页面"cg.asp"优化

利用 session 功能实现账号分等级显示。这个功能主要是根据用户登录成功后的 session("dj") 值来显示不同信息。"cg.asp"页面的设计优化效果，如图 4-21 所示。

图 4-19　登录失败的页面

图 4-20　登录成功页面

图 4-21　"cg.asp"页面设计优化效果

"cg.asp"页面中，在图片下方的单元格中，嵌入一小段 ASP 代码，具体内容如下：

> 恭喜 <%=session("yhm")%>，您登录成功了！您是 <%if session("dj")=0 then%> 普通会员！<%else%> 超级管理员！<%end if%>

session：在计算机中，尤其是在网络应用中，称为"会话控制"。session 对象存储特定用户会话所需的属性及配置信息。这样，当用户在应用程序的 Web 页之间跳转时，存储在 session 对象中的变量将不会丢失，而是在整个用户会话中一直存在下去。当用户请求来自应用程序的 Web 页时，如果该用户还没有会话，则 Web 服务器将自动创建一个 session 对象。当会话过期或被放弃后，服务器将终止该会话。session 对象最常见的一个用法就是存储用户的首选项。例如，如果用户指明不喜欢查看图形，就可以将该信息存储在 session 对象中。注意会话状态仅在支持 cookie 的浏览器中保留。

问题探索：用户注册 / 用户登录技术实现方案

从技术实现上来看，用户注册的实质就是用户将注册表单资料提交给网站后台数据库处理。一般而言，在用户注册资料"写入"后台数据库之前，系统应提供相应的自动检验机制，如必填资料不可省略、不允许重名、电子邮件格式是否具备等，一旦验证失败，系统将提示出错记录并要求用户重新输入注册信息。

与用户注册相反，用户登录实质是读取（查询）网站后台数据库的过程。根据用户表单提交的用户账号和密码信息，查找数据库中是否存有相应的记录，若存在，则说明系统登录成功；若不存在，则说明用户账号 / 密码输入错误，系统将给予提示。

知识拓展：Response 对象的 Write 方法

下面来介绍 Response 对象的 Write 方法的应用。

Response 对象的 Write 方法主要用于 Web 服务器向浏览器发送显示内容。其语法格式为：

```
Response.Write Variant
```

其中，Variant 参数值可以是 VBScript 支持的任何数据类型，包括字符、字符串、整数等，可以是变量，也可以是数据；Variant 参数值可包括任何有效的 HTML 标记，但不能包括字符组合"%>"，否则用字符组合"%/>"；Response.Write 也可用"="替换，但后者只适用于单句命令。

因此，以下三种表现形式的输出效果都是一样的。

```
<%
MyStr="Hello!"
Response.Write(MyStr)
%>
```

```
<%
Response.Write("Hello!")
%>
```

```
<%
="Hello!"
%>
```

另外，Response.Write 方法的主要功能与 VBScript 的 Document.Write 功能有点类似，需要注意的是，Document 是浏览器的对象，是客户端直接向浏览器输出的，大家可通过下列程序的输出结果了解二者的不同用法。

```
<%@LANGUAGE="VBSCRIPT"%>
<html>
<head>
<title>Write 方法在服务器端和客户端的应用区别 </title>
</head>
<body>
下面是使用 response.Write 输出的是服务器端时间；
<%response.Write now()
%><br>
下面是使用 document。Write 输出的是客户端时间；
<script language="VBScript"type="text/VBScript">
document.Write(now())
</script>
</body>
</html>
```

输出结果如图 4-22 所示。

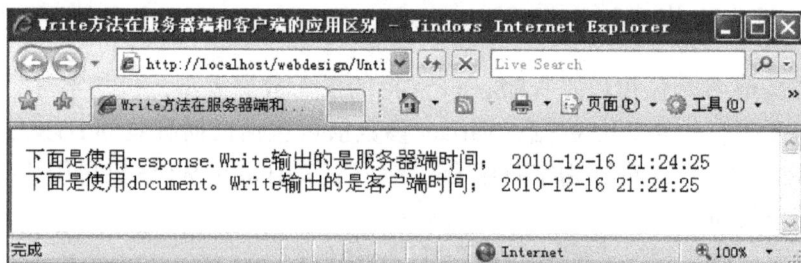

图 4-22　Write 方法在服务器端和客户端的不同应用

小　结

用户登录验证系统是企业电子商务网站最常见的功能模块之一。学生要重点掌握用户登录的整个流程，并掌握用户登录界面与后台登录成功页面的设计，同时要掌握登录系统验证码的设计过程和登录成功实现的 ASP 代码。

通过完成以上任务，学生可以了解电子商务网站用户登录验证系统在设计过程中的要点及注意的地方，并熟悉相应的方法和技巧。

思考题

1. 如何在原有的功能上增加用户权限的设置？
2. 比较用户注册成功的代码和用户登录成功的代码的区别。

项目知识梳理与总结

1. 网站的用户注册过程实质是如何将用户所输入的信息正确无误地写入到数据表中去。根据用户注册表单提交的相关信息，首先检查输入的信息是否完整，然后再将用户的信息成功注册到数据表中去。用户注册功能的制作要点是"用户注册"功能实现的 ASP 代码设计。

2. 网站用户登录系统登录的实质是读取（查询）网站后台数据库中数据的过程。根据网站管理员表单提交的用户账号和密码信息，查找数据库中是否存有相应的记录，若存在则说明用户登录成功。后台管理系统登录页面制作的要点在于"用户登录"功能实现的 ASP 代码设计。

网站新闻管理功能开发

掌握站点新闻添加、显示、修改、删除功能的制作，掌握功能模块前台页面、后台页面的制作；掌握实现站点新闻添加、显示、修改、删除功能的 ASP 代码的编写。

实训重点： 新闻添加、显示、修改、删除功能前台与后台的制作。

学习难点： 新闻添加、显示、修改、删除功能的 ASP 代码的编写。

项目导航

电子商务网站新闻资讯功能是中小企业网站中最常见的功能模块之一，该功能主要是实现新闻资讯信息的添加、编辑、修改和删除功能，为用户提供新闻和资讯信息。本项目以"浙江吴越商贸机械有限公司"网站为例，系统地介绍新闻添加页面、新闻编辑页面、新闻修改和新闻删除页面的制作方法，要求掌握分页功能的制作方法。

任务一 新闻添加功能模块制作

任务引出

新闻功能是电子商务网站中常见的功能模块之一。网站新闻一般都以新闻标题罗列的方式展示公司的最新动态及相关资讯信息，浏览者可通过单击标题超级链接进入新闻资讯详细浏览页面。

在本任务中，要求完成"浙江吴越商贸机械有限公司"网站新闻添加功能模块前台页面、后台页面的制作及相关数据表的设计。

作品预览

打开并运行站点文件夹中新闻管理页面文件"xwfb.asp"，如图 5-1 所示，在相应的文本框、下拉菜单和文本区域中填写好相关的信息之后，单击"新闻发布"按钮，提示新闻发布成功的信息。打开"xw"数据表，如果发布的信息已经写入到数据表中，说明新闻发布已经成功。

网站新闻功能介绍及演示

图 5-1　新闻管理页面

实践操作

1. 设计数据库表

启动 Access 程序，找到站点目录文件夹，打开"wzjs.mdb"数据库，然后在数据库中新建一张名为"xw"的数据表。

"xw"数据表由"id"、"xwbt"、"ly"、"zz"、"xwlb"、"fbsj"、"rq"和"xwnr"8 个字段构成，其属性和说明具体情况参见表 5-1。

新闻发布功能数据表的设计

表5-1　"xw"数据表各个字段的数据类型及说明

字段名称	数据类型	备注说明
id	自动编号	新闻编号
xwbt	短文本	新闻标题
ly	短文本	新闻来源
zz	短文本	发布者
xwlb	短文本	新闻类别
fbsj	日期 / 时间	发布时间
rq	数字	阅读次数
xwnr	长文本	新闻内容

注意：将"id"字段设置为主键。"rq"字段的数据类型设置为数字类型，"xwnr"字段的数据类型设置为长文本，可以显示 64 000 个字符。

2. 设计网站新闻添加的页面

新闻发布功能前台页
面的制作 (xwfb.asp)

在 Dreamweaver 环境下，选择"文件"→"新建"命令，创建 ASP VBScript 页面，并将网页保存为"xwfb.asp"。具体的制作效果，如图 5-2 所示。

选中"新闻标题"字段所对应的文本框，将其命名为"xwbt"；选中"来源"字段所对应的文本框，将其命名为"ly"；选中"作者"字段所对应的文本框，将其命名为"zz"；选中"新闻类别"字段所对应的下拉菜单，将其命名为"xwlb"；选中"新闻内容"字段所对应的文本区域，将其命名为"xwnr"。

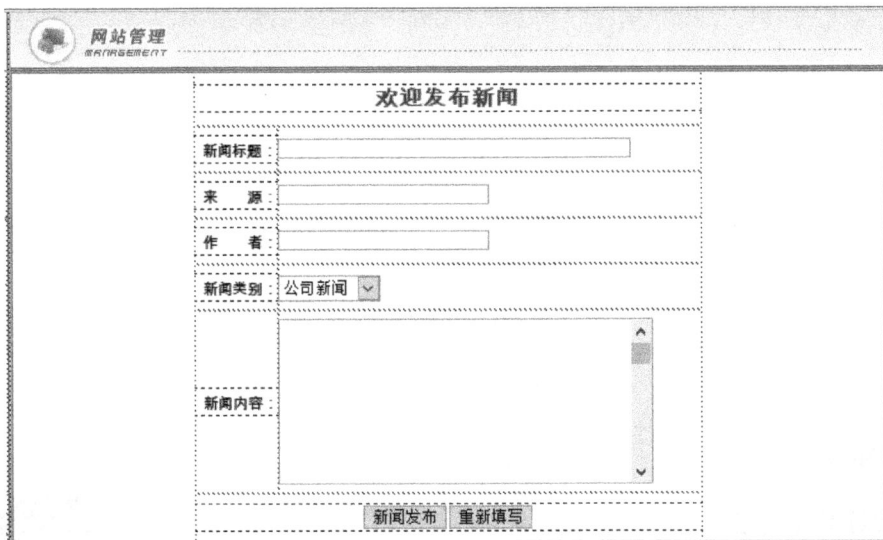

图 5-2　添加新闻页面效果

添加表单，使表单的开始标签与结束标签包围整个新闻添加功能模块。同时选中表单"form"，将表单的"动作"（action）属性设置为"xwfb1.asp"，"方法"（method）属性设置为"POST"，如图 5-3 所示。

图 5-3　表单动作定义界面

3. 新闻添加信息提交处理页面

新闻发布功能后台页
面的制作

利用前面的模板，设计新闻提交信息后台处理页面"xwfb1.asp"，具体设计制作效果，如图 5-4 所示。

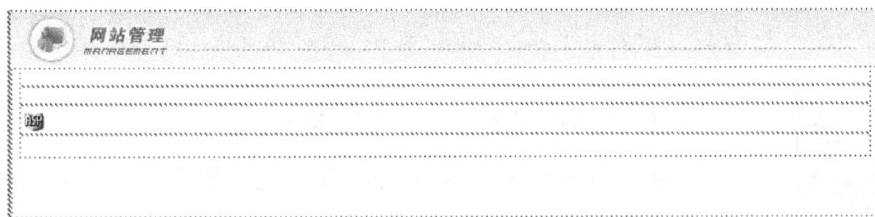

图 5-4　新闻信息后台处理页面效果

"xwfb1.asp"是新闻信息后台处理页面，该网页中将新闻信息写入到数据库中的技术实现代码如下。

① 首先必须连接数据库，调用连接数据库的语句为：

```
<!--#include file="conn.asp"-->
```

② 将新闻信息写入"xw"数据表中，其功能实现的 ASP 代码为：

```
<!--#include file="conn.asp"-->
<meta http-equiv="refresh" content="3;url='xwgl.asp'" />
<%
a=request.form("xwbt")
b=request.form("ly")
c=request.form("zz")
d=request.form("xwlb")
e=request.form("xwnr")
f=date()

set rs=server.CreateObject("adodb.recordset")
rs.open "xw",conn,1,3
rs.addnew
rs("xwbt")=a
rs("ly")=b
rs("zz")=c
rs("xwlb")=d
rs("xwnr")=e
rs("fbsj")=f
rs.update
rs.close
set rs=nothing

response.Write"<br><br><br><div align=center>恭喜你！添加成功 <p>3 秒钟后
系统自动返回 </p></div>"
%>
```

③ "3 秒钟后系统自动返回"功能实现的代码。

在"xwfb1.asp"页面代码界面的最上面 <meta> 标签，具体语句如下：

```
<meta http-equiv="refresh" content="3;url='addnews.asp'">
```

4. 保存网页并进行预览进行测试

在进行测试时从"xwfb.asp"开始进行预览。在"xwfb.asp"页面中将新闻的信息添加完整，然后单击"新闻发布"按钮，就会看到新闻添加成功页面，如图 5-5 所示。

新闻发布功能浏览测试

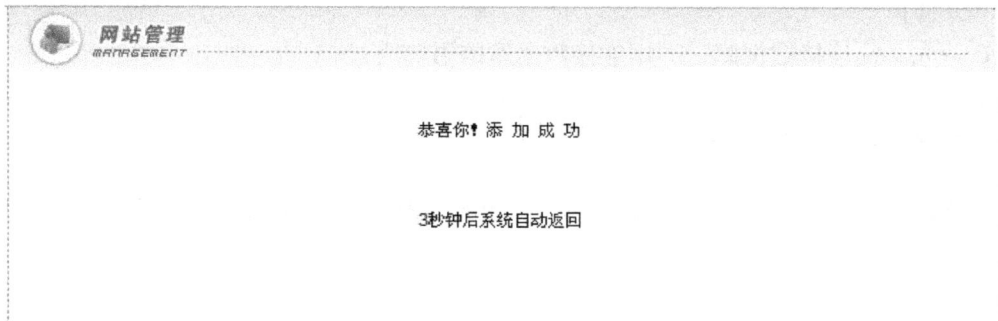

图 5-5 新闻添加成功页面

找到站点目录，打开"wzjs.mdb"数据库，再打开"xw"数据表，然后查看一下刚才所添加的新闻信息有没有写入到数据表中去。

问题探索：SQL 语句中 in 运算符的用法

SQL 语句中的 in 运算符，同 between 关键字一样，in 运算符的引入也是为了更方便地限制检索数据的范围。灵活使用 in 运算符，可以用简洁的语句实现结构复杂的查询。

in 运算符的语法格式可表示如下：

表达式 [NOT] in(表达式 1，表达式 2[，…表达式 n])

所有的条件在 in 运算符后面罗列，并用括号（ ）包括起来，条件中间用逗号分开。当要判断的表达式处于括号中列出的一系列值之中时，in 运算符求值为 TRUE。

在大多数情况下，in 运算符与 or 运算符可以实现相同的功能，然而使用 in 运算符语句更为简洁，特别是当选择的条件有很多个时，只需在括号内用逗号间隔各条件即可，其运行效率也比 or 运算符要高。另外，使用 in 运算符，其后面所有的条件可以是另一条 SELECT 语句，即子查询。

知识拓展：网页重定向 Redirect 方法

下面来介绍 Response 对象网页重定向 Redirect 方法的使用。

Redirect 方法能使浏览器立即重定向到另一个程序指定的 URL 上，其语法格式如下：

```
Response.Redirect URL
```

下面借助 Redirect 方法来创建一个可以转向链接到不同网站的页面，具体做法分成以下两个步骤。

（1）创建网站链接页面"1.htm"，其代码如下：

```
        <html>
<head>
<title> 网页重定向应用 1</title>
</head>
<body>
友情链接网站
<form action="2.asp"method="get">
<select name="N">
<option value="N1"> 清华大学 </option>
        <option value="N2"> 北京大学 </option>
        <option value="N3"> 重庆大学 </option>
        <option value="N4"> 重庆航天职院 </option>
        <input type="submit"value=" 确定 ">
        </select>
        </form>
        </body>
        </html>
```

（2）创建网站转向页面"2.asp"，其代码如下：

```
        <%@LANGUAGE="VBSCRIPT"%>
        <html>
        </select>
        <title> 网页重定向应用 2</title>
        </head>
        <body>
        < %select case request.QueryString("N")
        case"N1"
        vresponse.Redirect "http://www.tsinghua.edu.cn"
        case"N2"
        response.Redirect "http://www.pku.edu.cn"
        case"N3"
        response.Redirect "http://www.cqu.edu.cn"
        case"N4"
        response.Redirect "http://www.cqepc.cn"
        end select
        %>
        </body>
        </html>
```

小 结

商务网站首页一般都以新闻标题罗列的方式展示公司的最新动态及相关资讯信息，浏览者可通过单击标题超级链接进入新闻资讯详细浏览页面。本任务主要完成"浙江吴越商贸机械有限公司"网站新闻添加模块前台页面、后台页面的制作及相关数据表的设计。

思考题

1. "xw"数据表设计时各个字段的数据类型如何确定？
2. 列出新闻添加功能实现的 ASP 代码。

任务二 新闻列表显示功能制作

任务引出

在本任务中，要求完成"浙江吴越商贸机械有限公司"网站新闻列表显示功能前台页面和后台页面的制作。

作品预览

新闻标题列表管理页面制作

打开并运行站点文件夹中的新闻管理页面文件"xwgl.asp"。当网站中没有发布新闻的时候，给出"对不起！目前还没有新闻！！！"的提示，如图 5-6 所示，当网站里有新闻时，新闻主要以标题罗列的方式展示公司的最新动态及相关资讯信息，并且新闻的显示都是根据发布日期按倒序排列的，最新的新闻显示在最前面，如图 5-7 所示。

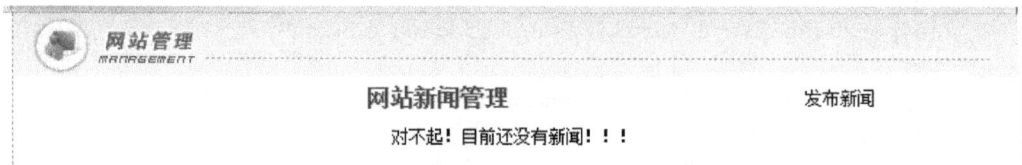

图 5-6 网站没有发布新闻时的提示信息

实践操作

在 Dreamweaver 环境下，选择"文件"→"新建"命令，创建 ASP VBScript 页面，并将网页保存为"xwgl.asp"。具体的制作效果，如图 5-8 所示。

图 5-7 新闻信息列表展示

图 5-8 新闻信息列表显示页面制作效果

该网页中将新闻信息从数据库中读取出来，并在网页中显示出来的技术实现代码如下。

① 首先必须连接数据库，调用连接数据库的语句为：

```
<!--#include file="conn.asp"-->
```

② 将新闻信息从"xw"数据表中读取出来，并在网页中显示出来，其代码为：

```
'*************************** 新闻列表显示 ***********************
<table width="80%" height="32" border="0" align="center"
cellpadding="0" cellspacing="0">
  <tr>
  <td width="81%" height="32"><div align="center" style="font-weight:
bold; font-size: 16px; color: #0066FF">新闻动态管理：</div></td>
  <td width="19%"><div align="center"><a href="xwfb.asp">发布新闻</a></
div></td>
  </tr>
</table>
<%
set rs=server.CreateObject("adodb.recordset")
a="select top 10 * from xw order by id desc" ' 查询 xw 表中最新的 10 条记录
rs.open a,conn
if rs.eof and rs.bof then ' 从头查到尾都没有记录
response.Write"<div align=center> 对不起！目前还没有新闻！！！</div>"
else
while not rs.eof
```

```
%>
<table width="80%" height="32" border="0" align="center"
cellpadding="0" cellspacing="0">
  <tr>
  <td width="8%" height="32"><div align="center"><img src="image/1.gif"
width="6" height="6"></div></td>
  <td width="52%">
  <a href="xwck.asp?id=<%=rs("id")%>">
  <%=rs("xwbt")%>
  </a>
  </td>
  <td width="21%"><%=rs("fbsj")%></td>
  <td width="19%"><div align="center"><a href="xwxg.asp?id=<%=rs("id")%>">修改
</a> | <a href="xwsc.asp?id=<%=rs("id")%>">删除</a></div></td>
  </tr>
  </table>
  <%
rs.movenext
wend
end if
rs.close
set rs=nothing
%>
```

③ 保存"xwgl.asp"页面，并在浏览器中进行预览，效果如图 5-6、图 5-7 所示。

问题探索：while…wend 循环语句的用法

当循环的执行次数根据条件而变动时，应使用 while…wend 语句。其语法结构如下：

```
while expression
  statement1
wend
```

条件在循环的上面就被测试，只要提供的条件为真，这些语句就会被执行。一旦条件为假，VB 就将退出该循环。

例如，从数据库中查询获取符合条件的记录，由于不确定记录数量，可先判断是否是数据（Recordset 的 EOF 属性），再决定是否要进行循环。示例如下：

```
…（略）
Set rs1=adocon.Execute(SQLstr)              ' 产生一个 Recordset
While Not rs1.EOF                           ' 判断是否有数据
…（略）
rs1.MoveNext                                ' 移到下一条记录
Wend
```

上述程序片段中，使用了 ADO 组件的 Connection 对象及 Recordset 对象，在第二行先判断 rs1 对象变量是否到了记录结尾（rs1.EOF）。如果不是，便进入循环。执行代码后，以 MoveNext 方法移动到下一条记录，重新进行判断。如果到达记录结尾，则跳出循环。

知识拓展：其他循环语句介绍

1. for…next 语句

for…next 语句用于指定语句块运行的次数。在循环过程中使用计数器变量，该变量的值随每一次循环增大或减小。

语法：

```
for< 循环变量 >=< 初值 >to< 终值 >[step< 步长 >]
语句序列 1
exitfor
语句序列 2
next  循环变量
```

说明：（1）如果没有指定步长，则默认步长为 1。

（2）< 步长 > 可以是正数也可以是负数。

（3）可以在循环中的任何位置放置一个 exitfor 语句，可随时退出循环。

注意：在 VBScript 当中，next 后面不必加变量，这样可以避免写程序的人在写循环时写错变量名称而造成错误。

```
<html>
<head>
<title> 重复循环 </title>
</head>
<% dim num, total
total=0
num=100
for i=1 to num
total=total+i
next
response.write("1 加到 " ^&num&" 的总和为 "&total)%>
```

2. do…loop 语句

do…loop 语句，再和 while 及 until 配合的话，共会产生 4 种不同用法。

（1）do while…loop，这是最常用的一种用法，这个指令的方式是先判断条件式是否成立，成立的话就执行循环中的指令，一直到条件式不成立为止。

格式：

```
do while 条件式
```

```
程序
loop
```

由于程序会先做判断，检查条件式是否成立，"先判断，后执行"，如果条件式不能成立，循环内的程序就完全不会执行。

（2）do…loop while，这个循环控制的指令和 do while…loop 类似，不同的地方只有 do…loop while 语句，不管三七二十一，至少会执行一次循环，然后再根据条件式的值来判断是否要继续。

格式：

```
do
程序
loop while 条件式
```

由于在执行之前不会做任何的判断，就直接执行循环体当中的程序，执行一次后才开始做判断要不要继续执行下去。这是"先执行，后判断"的循环控制流程。

3. do until…loop

do until…loop 和 do while…loop 类似，do while…loop 在条件式成立时执行循环体，而 do until…loop 是在条件式不成立时，执行当中的程序。

格式：

```
do until 条件式
程序
loop
```

do until…loop 和 do while…loop 一样，都属于"先判断，后执行"的循环控制语句，简单地说，do while 条件式 =do until not 条件式。

用这两种方式写程序都没问题，关键在于对条件式的理解。

4. do…loop until

格式：

```
do
程序
loop until 条件式
```

do…loop until 和 do…loop while 一样，都属于"先执行，后判断"的循环控制流程。

小 结

本任务主要完成"浙江吴越商贸机械有限公司"网站新闻列表显示功能的制作，注意在页面设计过程中的要点及后台 ASP 代码书写的注意点。

思考题

1. 列出新闻标题列表显示的 ASP 代码。
2. 列出循环语句编写的注意点。
3. 说明 ASP 中动态超链接的设置方法。

任务三　新闻修改功能制作

任务引出

网站新闻修改是新闻功能模块中常见的子功能之一。网站管理人员可以在新闻管理页面（"xwgl.asp"），选择指定的新闻，再单击"新闻修改"按钮来完成相应的修改操作。在本任务中，要求完成"浙江吴越商贸机械有限公司"网站新闻修改功能前台页面和后台页面的制作。

作品预览

打开并运行站点文件夹中的新闻管理页面文件"xwgl.asp"。在显示出来的新闻列表信息中，选择指定的新闻，单击"修改"超链接进入新闻修改页面，如图 5-9 所示。选择相应栏目进行修改，单击"新闻修改"按钮完成修改操作，如图 5-10 所示。

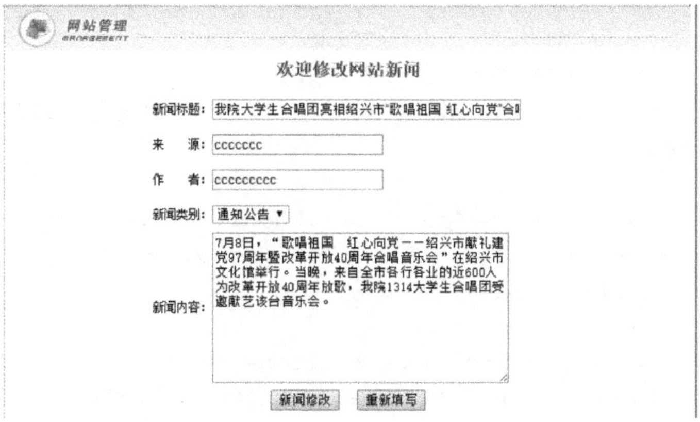

图 5-9　新闻修改页面

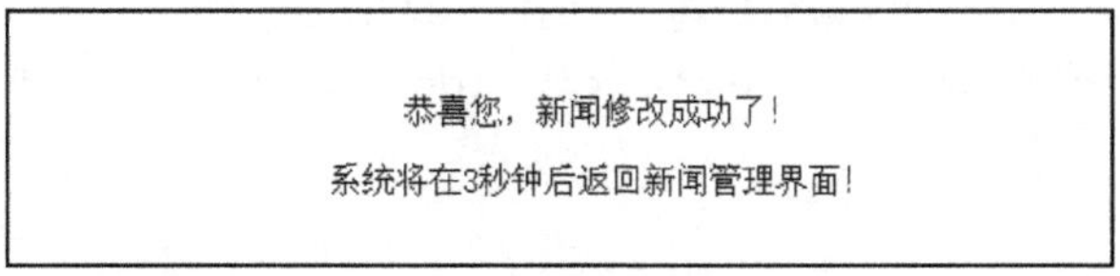

图 5-10　新闻修改成功页面

实践操作

1. 设计新闻修改前台页面

在 Dreamweaver 环境下，选择"文件"→"新建"命令，创建 ASP VBScript 页面，并将网页保存为"xwxg.asp"。具体的制作效果，如图 5-11 所示。

新闻修改功能前台页
面的制作

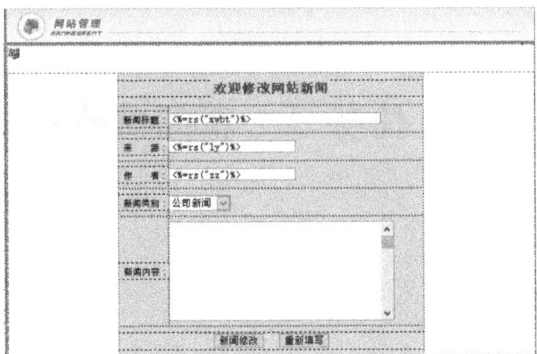

图 5-11　新闻修改前台页面制作效果

该网页中需要将要修改的新闻信息从数据库中读取出来，并在网页的相关表单元素中显示出来，具体的实现代码如下。

① 首先必须连接数据库，调用连接数据库的语句为：

```
<!--#include file="conn.asp"-->
```

② 将修改的新闻信息从"xw"数据表中读取出来，并在网页中显示出来，其代码为：

```
<%
set rs=server.CreateObject("adodb.recordset")
a="select * from xw where id="&request("id") '将指定修改的新闻信息读取出来
rs.open a,conn
%>
<form name="form1" method="post" action="xwxg1.asp?id=<%=rs("id")%>">
<table width="58%" height="379" border="0" align="center"
cellpadding="0" cellspacing="0">
<tr>
<td height="44" colspan="2"><div align="center" style="font-weight:
bold; font-size: 18px; color: #3366FF">欢迎修改网站新闻</div></td>
</tr>
<tr>
<td><div align="right">新闻标题：</div></td>
<td><input name="xwbt" type="text" id="xwbt" value="<%=rs("xwbt")%>"
size="40"></td>
</tr>
```

```
<tr>
<td><div align="right">来源：</div></td>
<td><input name="ly" type="text" id="ly" value="<%=rs("ly")%>"></td>
</tr>
<tr>
<td><div align="right">作者：</div></td>
<td><input name="zz" type="text" id="zz" value="<%=rs("zz")%>"></td>
</tr>
<tr>
<td><div align="right">新闻类别：</div></td>
<td><select name="xwlb" id="xwlb">
<option value="公司新闻" <%If (Not isNull(rs("xwlb"))) Then If ("公司
新闻" = CStr(rs("xwlb"))) Then Response.Write("selected=""selected""") :
Response.Write("")%>>公司新闻</option>
<option value="行业动态" <%If (Not isNull(rs("xwlb"))) Then If ("行业
动态" = CStr(rs("xwlb"))) Then Response.Write("selected=""selected""") :
Response.Write("")%>>行业动态</option>
<option value="通知公告" <%If (Not isNull(rs("xwlb"))) Then If ("通知
公告" = CStr(rs("xwlb"))) Then Response.Write("selected=""selected""") :
Response.Write("")%>>通知公告</option>
</select>
</td>
</tr>
<tr>
<td height="147"><div align="right">新闻内容：</div></td>
<td><textarea name="xwnr" cols="40" rows="10" id="xwnr"><%=rs("xwnr")%></
textarea> </td>
</tr>
<tr>
<td colspan="2"><div align="center">
<input type="submit" name="Submit" value="新闻修改">
<input type="reset" name="Submit2" value="重新填写">
</div></td>
</tr>
</table>
</form>
```

③新闻修改前台页面中，<form> 表单的设置情况，如图 5-12 所示。

图 5-12　新闻修改前台页面表单属性设置情况

注意：表单属性中"动作"对象设置为"xwxg1.asp?id=<%=rs("id")%>"，这是动态链接的设置方法，可以帮助我们对指定的 id 号的新闻进行修改。

新闻修改功能后台页面的制作

2. 设计新闻修改功能后台页面

新闻修改功能后台页面类似于新闻添加功能的后台页面，里面的 ASP 代码可以借鉴一下。具体的实现代码如下。

① 首先必须连接数据库，调用连接数据库的语句为：

```
<!--#include file="conn.asp"-->
```

② 将修改新闻信息重新写入到"xw"数据表（注意不能增加新的记录），其功能实现的 ASP 代码为：

```
<%
a=request.form("xwbt")
b=request.form("ly")
c=request.form("zz")
d=request.form("xwlb")
e=request.form("xwnr")
f=date()
set rs=server.CreateObject("adodb.recordset")
g="select * from xw where id="&request("id")
rs.open g,conn,1,3
rs("xwbt")=a
rs("ly")=b
rs("zz")=c
rs("xwlb")=d
rs("xwnr")=e
rs("fbsj")=f
rs.update
rs.close
set rs=nothing
response.Write"<br><br><br><div align=center> 恭喜您，新闻修改成功了！ <p>
系统将在 3 秒钟后返回新闻管理界面！ </p></div>"
%>
```

注意：比较一下新闻修改功能的代码与新闻添加功能的代码之间的区别。

③ "系统将在 3 秒钟之后返回新闻添加页面"功能实现的代码。

在"xwxg1.asp"页面代码界面的最上面 <meta> 标签中，修改语句如下：

```
<meta http-equiv="refresh" content="3;url='xwg1.asp'">
```

3. 保存网页并进行预览测试

在测试时要从"xwgl.asp"开始预览。在"xwgl.asp"页面中选中所要修改的新闻，然后单击"修改"超链接，在弹出的"xwxg.asp"页面中填写需要修改的信息内容，如图 5-9 所示。单击"新闻修改"按钮完成修改，如图 5-10 所示。

新闻修改功能浏览测试

问题探索：if⋯then 条件语句的用法

假如你希望在条件式为 True 时执行一系列的代码，可以使用这个语句。

如果需要在条件式为 True 时只执行一行语句，可以把代码写为一行：

if i=10 then msgbox"hello"

在上面的代码中，没有 else 语句。我们仅仅让代码在条件式为 True 时执行一项操作（当 i 为 10 时）。

假如我们需要在条件式为 True 时执行的语句不止一条，那么就必须在一行中写一条语句，然后使用关键字"endif"来结束这条语句：

```
if⋯then
语句一
语句二
endif
```

例：

```
if i=10 then
    msgbox"hello"
    i=i+1
endif
```

在上面的代码中，同样没有 else 语句。我们仅仅让代码在条件式为 True 时执行了多项操作。

知识拓展：其他条件语句介绍

1. if⋯then⋯else 语句

假如你希望执行两套代码其中之一，可以使用这条语句。

我们希望在条件式为 True 时执行某条语句，并当条件式为 True 时执行另一条语句，就必须添加关键字"else"。

例：

```
if i=10 then
msgbox"hello"
else
msgbox"goodbye"
endif
```

当条件式为 True 时会执行第一段代码，当条件式不成立时执行第二段代码（当 i 不等于 10 时）。

2. if···then···elseif 语句

假如你希望选择多套代码之一来执行，可以使用 if···then···elseif 语句，示例如下：

```
<%
n=cint(1020)
if n<100 then    '判断是否小于三位数
if n<10 then    '判断是否为一位数
if n<0 then
response.writen&" 为负数 "
elseif
response.write n&" 一位数 "
endif
elseif
response.write n&" 为二位数 "
endif
elseif
response.write n&" 三位或三位数以上 "
endif
%>
```

3. selectcase 语句

假如你希望选择多套代码之一来执行，可以使用这个语句。

当判断所要读取的变量都是同一个时，就可以用这种方法来作选择，示例如下：

```
<% week=DatePart("w",Date)-1        '今天是星期几
selectcase week
    case1
        BackFile=" 今天是星期一 "
    case2
        BackFile=" 今天是星期二 "
    case3
        BackFile=" 今天是星期三 "
    case4
        BackFile=" 今天是星期四 "
    case5
        BackFile=" 今天是星期五 "
    case6
        BackFile=" 今天是星期六 "
    case0
        BackFile=" 今天是星期日 "
endselect
Response.WriteBackFile
%>
```

注意：selectcase 结构只计算开始处的一个表达式（只计算一次），而 if…then…elseif 结构要计算每个 elseif 语句的表达式，这些表达式可以各不相同。

仅当每个 elseif 语句计算的表达式都相同时，才可以使用 selectcase 结构代替 if…then…elseif 结构。

小 结

网站的新闻修改功能是新闻管理模块中常见的子功能之一。本任务主要来完成"浙江吴越商贸机械有限公司"网站新闻修改功能的前台页面设计制作和后台页面 ASP 代码的编写过程。

思考题

1. 新闻修改功能前台页面的 <form> 表单中动作对象如何设置？
2. 请比较新闻修改功能后台的 ASP 代码与新闻添加功能的后台 ASP 代码的区别。

任务四 新闻查看、新闻删除功能制作

任务引出

网站新闻查看和新闻删除功能是新闻功能模块中另外两个比较重要的子功能。网站管理人员可以打开新闻管理页面（"xwgl.asp"），单击指定的新闻标题，查看新闻详细内容；单击"删除"超链接，删除指定的新闻。在本任务中，要求完成"浙江吴越商贸机械有限公司"网站新闻查看页面和新闻删除页面的制作。

作品预览

打开并运行站点文件夹中的新闻管理页面文件"xwgl.asp"。在显示出来的新闻列表信息中，单击指定的新闻标题，可以查看该新闻的详细内容，如图 5-13 所示；选择相应的新闻，单击"删除"超链接，则可以将该条新闻删除掉，如图 5-14 所示。

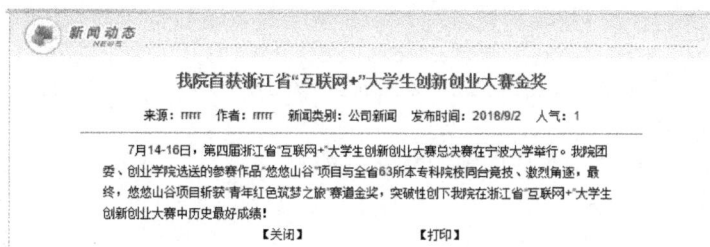

图 5-13 新闻内容详细显示页面

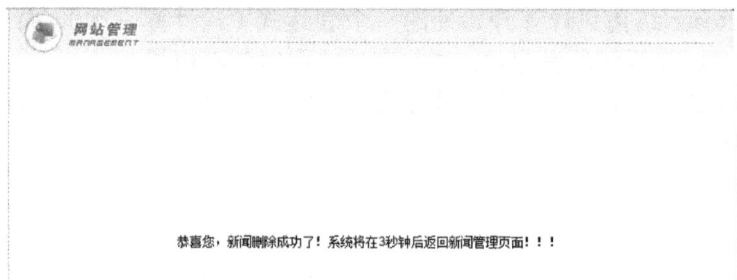

恭喜您，新闻删除成功了！系统将在3秒钟后返回新闻管理页面！！！

图 5-14　新闻删除页面

实践操作

1. 设计新闻详细内容查看页面

在 Dreamweaver 环境下，将已经完成的相关界面作为模块，并将网页保存为"xwck. asp"，对"xwck.asp"页面进行相应的排版布局。具体的制作效果，如图 5-15 所示。

新闻详情页面的制作

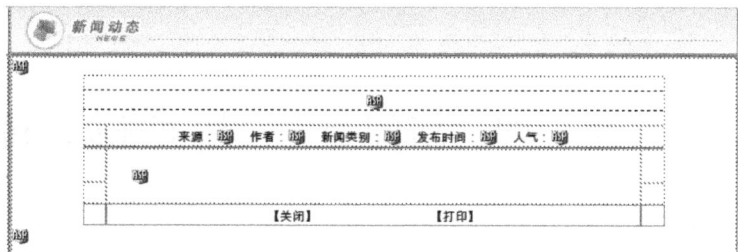

图 5-15　"xwck.asp"界面设计效果

2. 编写新闻详细内容查看页面的 ASP 代码

新闻详细内容查看页面要将指定新闻信息从数据表中读取出来，并按一定布局方式显示在页面上。具体的实现代码如下。

① 首先必须连接数据库，调用连接数据库的语句为：

```
<!--#include file="conn.asp"-->
```

② 将指定的新闻信息从"xw"数据表中读取出来，并在"xwck.asp"中显示出来，具体代码如下：

```
<%
set rs=server.CreateObject("adodb.recordset")
a="select * from xw where id="&request("id")
rs.open a,conn,1,3
rs("rq")=rs("rq")+1' 新闻查看 1 次，人气加 1
rs.update
%>
```

```
<table width="80%" border="0" align="center" cellpadding="0"
cellspacing="0">
<tr>
<td height="48" colspan="3"><div align="center" style="font-weight:
bold; color: #3366FF; font-size: 16px"><%=rs("xwbt")%></div></td>
</tr>
<tr>
<td width="4%"> </td>
<td width="92%"><div align="center">来源：<%=rs("ly")%> 作者：<%=rs("zz")%>
新闻类别：<%=rs("xwlb")%> 发布时间：<%=rs("fbsj")%> 人气：<%=rs("rq")%> </
div></td>
<td width="4%"> </td>
</tr>
<tr>
<td colspan="3"><hr></td>
</tr>
<tr>
<td height="33"> </td>
<td rowspan="2"> <%=rs("xwnr")%> </td>
<td> </td>
</tr>
<tr>
<td> </td>
<td> </td>
</tr>
<tr>
<td> </td>
<td><div align="center">【关闭】 【打印】</div></td>
<td> </td>
</tr>
</table>
<%
rs.close
set rs=nothing
%>
```

③ "xwgl.asp" 页面中，针对新闻标题，设置相应的动态超链接。具体代码如下：

```
<a href="xwck.asp?id=<%=rs("id")%>">
<%=rs("xwbt")%>
</a>
```

注意：动态超链接的设置方法一定要学会掌握。

④ 保存 "xwck.asp" 和 "xwgl.asp" 页面，并在浏览器中进行预览。注意要从 "xwgl.asp" 页面开始预览，并单击相应的新闻标题，最终效果，如图 5-13 所示。

3. 设计新闻删除前台页面

在 Dreamweaver 环境下，将已经完成的相关界面作为模块，并将网页保存为"xwsc.asp"，对"xwsc.asp"页面进行相应的排版布局。具体的制作效果，如图 5-16 所示。

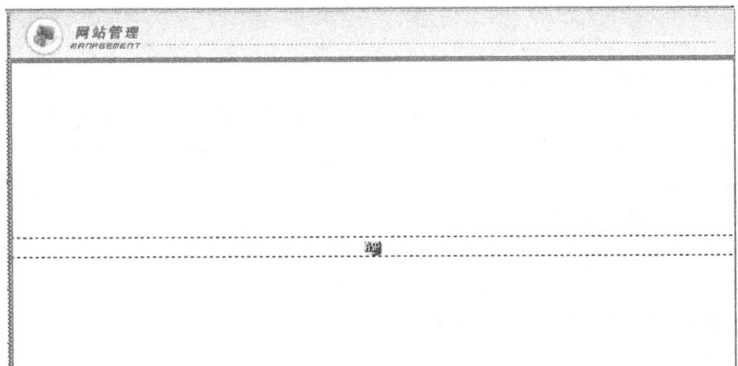

图 5-16　新闻删除前台页面

4. 编写新闻删除后台 ASP 代码

具体内容如下。

① 调用连接数据库的语句为：

```
<!--#include file="conn.asp"-->
```

② 将指定的新闻信息从"xw"数据表删除，其功能实现的 ASP 代码为：

```
<%
set rs=server.createobject("adodb.recordset")
sql="delete from xw where id="&Request("id")
conn.Execute sql
response.write "<br><br><div align=center>恭喜您！新闻删除成功了！</div><br><br>"
response.write "<div align=center><a href=xwgl.asp>系统将在 3 秒钟后返回新闻管理页面！！！</a></div>"
%>
```

③ "系统将在 3 秒钟后返回新闻管理页面"功能实现的代码。

在"xwsc.asp"页面代码界面的最上面插入 <meta> 标签，具体语句如下：

```
<meta http-equiv="refresh" content="3;url='xwgl.asp'">
```

④ 保存网页并进行预览和测试。

测试时要从"xwgl.asp"开始进行预览。选中相应的新闻，单击"删除"按钮，就会看到新闻信息删除成功的提示信息，如图 5-14 所示。

问题探索：格式控制函数定义方法

当进入特定留言标题的详细内容后，可以发现留言内容并未按所提交信息的格式显示，例如段落缩进、换行等。为了保证留言显示内容与所提交信息的格式相同，可借助格式控制函数"HTMLcode()"。具体做法如下。

切换到"代码"视图环境下，创建一个名为"HTMLcode()"的函数，代码如下：

```
<%
    Function HTMLcode(String)
    If not IsNull(String) then
    String=replace(String,">","&gt;")
    String=replace(String,"<","&lt;")
    String=replace(String,"&#","<I>&#</I>")
    String=replace(String, CHR(32), "<I></I> ")
    String=replace(String, CHR(9),"&gt;")
    String=replace(String, CHR(34),"&quot;")
    String=replace(String, CHR(39),"&#39;")
    String=replace(String, CHR(13), "")
    String=replace(String, CHR(10)&CHR(10),"<P></P>")
    String=replace(String, CHR(10), "<BR>")
    HTMLcode=String
    End if
    End function
%>
```

在"设计"视图环境下，选中"{RS.Content}"并返回"代码"视图环境下，将对应的语句：

```
(RS.Fields.Item("Content").value)
```

修改为：

```
<%=HTMLcode((RS.Fields.Item("Content").value))%>
```

这样就实现了对留言内容格式（如空格、换行、段落缩进等）的控制。

知识拓展：Server 对象应用

Server 对象提供多服务器上的方法和属性的访问，其中大多数方法和属性是作为使用程序功能服务的。

1. Server 对象

Server 对象主要用于向用户提供 Web 服务器上的相关信息，并可以帮助用户取得服务器上的各项功能。通过 Server 对象还可以创建 ActiveX 组件的实例。ActiveX 组件是一些扩展 ASP 功能的对象，通过 Server 对象可以把这些组件实例化，这样可以在 ASP 脚本中使用它们所提供的功能。

Server 对象包含属性和方法，但不包含集合和事件，Server 对象的语法格式如下：

```
Server.property | method
```

其中，property 表示 Server 对象的属性，method 表示 Server 对象的方法。

2. Server 对象的属性

Server 对象只有一个属性 ScriptTimeout，该属性表示脚本能够运行的最大时间（超时值），在脚本运行超过这一时间之后服务器将中止执行该脚本，如下面的语句即指定服务器处理 ASP 脚本在 100 秒后超时：

```
Servere.ScriptTimeout=100
```

小 结

本任务主要完成新闻查看、删除功能的制作。新闻查看功能主要是对已经发布的新闻能够查看其详细内容。新闻删除功能主要是能够对已经发布的新闻进行删除的操作，把已经过期的新闻或者不合适的新闻从平台中删除掉。

通过以上的任务，学生可以了解商务网站新闻查看与删除功能在设计过程中的要点及需要注意的地方，熟悉相应的方法和技巧。

思考题

1. 列出新闻查看功能后台的 ASP 代码。
2. 列出新闻删除功能实现的 ASP 代码。

项目知识梳理与总结

1. 网站的新闻管理功能实质是如何将新闻信息正确无误地写入到后台数据表中去。根据新闻添加表单提交的相关信息，首先检查新闻信息是否输入完整，然后再将新闻信息成功写入到数据表中去。在新闻信息添加功能的制作要点是编写"新闻添加"功能实现的 ASP 代码。

2. 一个编辑页面、一个编辑更新过程，就构成了新闻编辑更新行为的整个过程。新闻编辑操作的本质在于借助"更新记录"服务器行为向数据库编辑更新信息。

3. 一个删除页面、一个删除过程，就构成了新闻删除行为的整个过程。新闻删除操作的本质在于借助数据库管理系统提供的删除语句（Delete），就可以方便地实现各种从简单到复杂的删除操作。

项目六

网站产品发布功能制作

实训目的

了解产品信息浏览、添加、删除的操作流程，掌握产品信息浏览、添加、删除功能的页面设计，掌握产品信息浏览、添加、删除的 ASP 代码编写。

实训重点：产品信息浏览、添加、删除功能的页面设计。

学习难点：产品信息浏览、添加、删除的 ASP 代码编写。

项目导航

商务网站产品管理功能是中小企业网站中最常见的功能模块之一，该功能主要是实现产品的添加、浏览和删除功能，为用户提供产品的相关信息。本项目以"浙江吴越商贸机械有限公司"网站为例，系统地介绍产品添加页面、产品浏览页面和产品删除页面的制作方法。

任务一 产品添加功能制作

任务引出

企业商务网站产品管理页面一般都以产品罗列的方式展示公司的最新产品及推荐产品等，浏览者可通过单击标题或产品缩略图的超链接进入到产品信息详细浏览页面。

在本任务中，要求完成公司网站产品添加功能模块前台页面、后台页面的制作及相关数据表的设计，成功实现产品添加功能。

作品预览

打开并运行站点文件夹中的产品发布页面文件"cpfb.asp",如图 6-1 所示,选择相应的产品图片,在相应的文本框、下拉菜单和文本区域中填写好相关的信息之后,单击"发布产品"按钮后,提示产品发布成功的信息,如图 6-2 所示。打开"cp"数据表,如果发布的信息已经写入到数据表中,同时在站点根目录"upload"文件夹中上传了相应的产品图片,说明产品发布已经成功。

网站产品功能介绍及
演示

图 6-1　网站产品发布页面

IIS 中上传功能文件大
小限制的设定

图 6-2　网站产品发布成功页面

实践操作

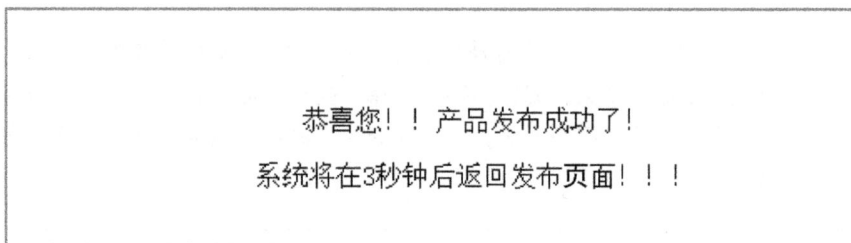

产品信息发布功能数
据表的设计

1. 设计数据库表

启动 Access 程序,找到站点目录文件夹,打开"wzjs.mdb"数据库,然后在数据库中新建一张名为"cp"的数据表。

"cp"数据表由"id""cpbt""fbbm""fbr""cplb""cpxq""cptp""rq""fbsj"9 个字段构成,其属性和说明具体情况参见表 6-1。

表6-1　"cp"数据表各个字段的数据类型及说明

字段名称	数据类型	备注说明
id	自动编号	产品编号
cpbt	短文本	产品标题
fbbm	短文本	发布部门
fbr	短文本	发布人
cplb	短文本	产品类别
cpxq	长文本	产品详情
cptp	短文本	产品图片
rq	数字	人气
fbsj	日期 / 时间	发布时间

注意：将"id"字段设置为主键，"rq"字段取值默认为"0"，"cpxq"字段的数据类型为长文本。

2. 设计网站产品信息添加的页面

在 Dreamweaver 环境下，将已经完成的相关界面作为模块，并将网页保存为"cpfb.asp"，对"cpfb.asp"页面进行相应的排版布局。具体的制作效果，如图 6-3 所示。

图 6-3　产品发布页面设计

产品信息发布功能前台页面的制作

选中"选择产品图像"所对应的文件域，将其命名为"file"；选中"产品标题"字段所对应的文本框，将其命名为"cpbt"；选中"发布部门"字段所对应的文本框，将其命名为"fbbm"；选中"发布人"字段所对应的文本框，将其命名为"fbr"；选中"产品类别"字段所对应的下拉菜单，将其命名为"cplb"；选中"产品详情"字段所对应的文本区域，将其命名为"cpxq"。

注意：上传产品图片文件时，最好能够对图片进行相应的处理，以使图片能够正常地上传，并能正确地显示出来。

添加表单，使表单的开始标签与结束标签包围整个产品信息添加功能模块。同时选中表单"form1"，将表单的"动作"（action）属性设置为"cpfb1.asp"，"方法"（method）属性设置为"POST"，注意将"MIME 类型"设置为"multipart/form-data"，否则产品图片可能无法上传。<form> 表单的具体设置情况，如图 6-4 所示。

图 6-4　<form> 表单相关属性设置情况

3. 产品信息提交处理页面

产品信息发布功能后台
页面的制作 (cpfb1.asp)

产品信息添加的原理与前面讲过的新闻信息添加还是存在比较大的区别的。这是因为，在产品信息添加的过程中一方面要将产品的一些基本信息添加到"cp"数据表中；另一方面要将产品相关的图片正确地上传到公司网站中去。

利用前面的模板，设计产品信息后台处理页面"cpfb1.asp"，具体设计制作效果，如图 6-5 所示。

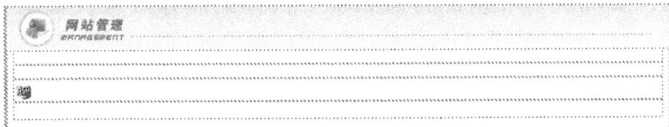

图 6-5　产品信息后台处理页面

"cpfb1.asp"是产品信息后台处理页面，该网页中将产品信息写入到数据库中并将产品图片上传到网站，其技术实现代码如下。

① 首先必须调用连接数据库页面和无组件文件上传功能，其代码为：

```
<!--#include file="conn.asp"-->        ' 调用连接数据库的页面
<!--#include file="Upload.inc"-->      ' 调用无组件文件上传功能代码
```

其中，"Upload.inc"文件主要是由 VBScript 代码编写而成的，具体代码如下：

```
<SCRIPT RUNAT=SERVER LANGUAGE=VBSCRIPT>
dim oUpFileStream
Class upload_5xSoft
dim Form,File,Version
Private Sub Class_Initialize
    dim RequestBinDate,sStart,bCrLf,sInfo,iInfoStart,iInfoEnd,tStream,iStart,
oFileInfo
    dim iFileSize,sFilePath,sFileType,sFormvalue,sFileName
    dim iFindStart,iFindEnd
```

```
  dim iFormStart,iFormEnd,sFormName
  set Form=Server.CreateObject("Scripting.Dictionary")
  set File=Server.CreateObject("Scripting.Dictionary")
  if Request.TotalBytes<1 then Exit Sub
  set tStream = Server.CreateObject("adodb.stream")
  set oUpFileStream = Server.CreateObject("adodb.stream")
  oUpFileStream.Type = 1
  oUpFileStream.Mode =3
  oUpFileStream.Open
  oUpFileStream.Write Request.BinaryRead(Request.TotalBytes)
  oUpFileStream.Position=0
  RequestBinDate =oUpFileStream.Read
  iFormStart = 1
  iFormEnd = LenB(RequestBinDate)
  bCrLf = chrB(13) & chrB(10)
  sStart = MidB(RequestBinDate,1,  InStrB(iFormStart,RequestBinDate,bC
rLf)-1)
  iStart = LenB (sStart)
  iFormStart=iFormStart+iStart+1
  while (iFormStart + 10) < iFormEnd
iInfoEnd = InStrB(iFormStart,RequestBinDate,bCrLf & bCrLf)+3
tStream.Type = 1
tStream.Mode =3
tStream.Open
oUpFileStream.Position = iFormStart
oUpFileStream.CopyTo tStream,iInfoEnd-iFormStart
tStream.Position = 0
tStream.Type = 2
tStream.Charset ="gb2312"
sInfo = tStream.ReadText
  '取得表单项目名称
iFormStart = InStrB(iInfoEnd,RequestBinDate,sStart)
iFindStart = InStr(22,sInfo,"name=""",1)+6
iFindEnd = InStr(iFindStart,sInfo,"""",1)
sFormName = Mid (sinfo,iFindStart,iFindEnd-iFindStart)
  '如果是文件
if InStr (45,sInfo,"filename=""",1) > 0 then
set oFileInfo=new FileInfo
  '取得文件名
iFindStart = InStr(iFindEnd,sInfo,"filename=""",1)+10
iFindEnd = InStr(iFindStart,sInfo,"""",1)
sFileName = Mid (sinfo,iFindStart,iFindEnd-iFindStart)
oFileInfo.FileName=getFileName(sFileName)
oFileInfo.FilePath=getFilePath(sFileName)
  '取得文件类型
iFindStart = InStr(iFindEnd,sInfo,"Content-Type: ",1)+14
```

```
iFindEnd = InStr(iFindStart,sInfo,vbCr)
oFileInfo.FileType =Mid (sinfo,iFindStart,iFindEnd-iFindStart)
oFileInfo.FileStart =iInfoEnd
oFileInfo.FileSize = iFormStart -iInfoEnd -3
oFileInfo.FormName=sFormName
file.add sFormName,oFileInfo
else
  ' 如果是表单项目
tStream.Close
tStream.Type =1
tStream.Mode =3
tStream.Open
oUpFileStream.Position = iInfoEnd
oUpFileStream.CopyTo tStream,iFormStart-iInfoEnd-3
tStream.Position = 0
tStream.Type = 2
tStream.Charset ="gb2312"
sFormvalue = tStream.ReadText
form.Add sFormName,sFormvalue
end if
tStream.Close
iFormStart=iFormStart+iStart+1
wend
   RequestBinDate=""
   set tStream =nothing
   End Sub


   Private Sub Class_Terminate
   if not Request.TotalBytes<1 then
form.RemoveAll
file.RemoveAll
et form=nothing
set file=nothing
oUpFileStream.Close
set oUpFileStream =nothing
end if
   End Sub


Private function GetFilePath(FullPath)
If FullPath <> "" Then
GetFilePath = left(FullPath,InStrRev(FullPath, "\"))
Else
GetFilePath = ""
End If
End  function
```

```
Private function GetFileName(FullPath)
If FullPath <> "" Then
GetFileName = mid(FullPath,InStrRev(FullPath, "\")+1)
Else
GetFileName = ""
End If
End  function
   End Class


   Class FileInfo
dim FormName,FileName,FilePath,FileSize,FileType,FileStart
Private Sub Class_Initialize
FileName = ""
FilePath = ""
FileSize = 0
FileStart= 0
FormName = ""
FileType = ""
End Sub

Public function SaveAs(FullPath)
dim oFileStream,ErrorChar,i
SaveAs=1
if trim(fullpath)="" or right(fullpath,1)="/" then exit function
set oFileStream=CreateObject("Adodb.Stream")
oFileStream.Type=1
oFileStream.Mode=3
oFileStream.Open
oUpFileStream.position=FileStart
oUpFileStream.copyto oFileStream,FileSize
oFileStream.SaveToFile FullPath,2
oFileStream.Close
set oFileStream=nothing
SaveAs=0
end function
   End Class
   </SCRIPT>
```

② 打开站点文件夹，在站点目录下新建"upload"文件夹。"upload"文件夹是专门用来存放上传的产品图片的。

③ 将产品信息写入到"cp"数据表并将产品图片上传到"upload"文件夹，其功能实现的 ASP 代码为：

```
<%
set upload=new upload_5xsoft
```

```
a=upload.form("cpbt")
b=upload.form("fbbm")
c=upload.form("fbr")
d=upload.form("cplb")
e=upload.form("cpnr")
f=date()

set file=upload.file("file")
kzm=lcase(right(file.filename,4))
if kzm<>".gif" and kzm<>".jpg" and kzm<>".bmp" and kzm<>".png" then
response.Write" 对不起，文件格式不对，请重新上传！！！"
response.End()
end if

if file.filesize>0 then
formpath="upload/"

set rs=server.CreateObject("adodb.recordset")
rs.open "cp",conn,1,3
rs.addnew

vfname=makefilename(now())
fname=vfname&kzm
file.saveas server.MapPath(formpath&fname)

rs("cpbt")=a
rs("fbbm")=b
rs("fbr")=c
rs("cplb")=d
rs("cpxq")=e
rs("fbsj")=f
rs("cptp")=fname
rs.update
end if
rs.close
set rs=nothing
set file=nothing
set upload=nothing

function makefilename(fname)
fname=now()
fname=replace(fname,"-","")
fname=replace(fname,"/","")
fname=replace(fname,"\","")
fname=replace(fname,":","")
fname=replace(fname," ","")
```

```
fname=replace(fname,"AM","")
fname=replace(fname,"PM","")
makefilename=fname
end function
response.Write"<br><br><br><div align=center>恭喜您！！产品发布成功了！
<p>系统将在 3 秒钟后返回发布页面！！！</p></div>"
%>
```

④ "系统将在 3 秒钟后返回产品发布页面"功能实现的代码。

在 "cpfb.asp"页面代码界面的最上面插入 <meta> 标签，具体语句如下：

```
<meta http-equiv="refresh" content="3;url='cpfb.asp'">
```

4. 保存网页并进行预览和测试

测试时要从 "cpfb.asp"开始进行预览。在 "cpfb.asp"页面中将产品的信息填写完整，然后单击 "发布产品"按钮，就会看到产品信息添加成功的页面，如图 6-6 所示。

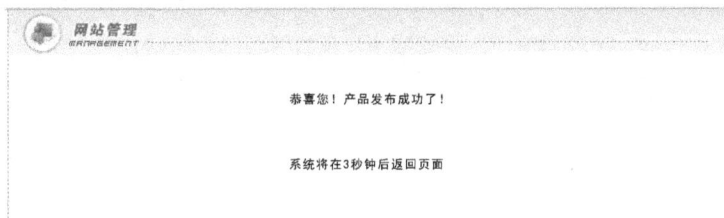

图 6-6 产品信息添加成功页面

产品信息发布功能浏览测试

找到站点目录，打开 "wzjs.mdb"数据库，并打开 "cp"数据表，再查看一下刚才所添加的产品信息有没有写入到数据表中去。另外，打开站点根目录的 "upload"文件夹，查看产品图片有没有正确地上传到 "upload"文件夹中。注意：只有产品信息添加到 "cp"数据表并且产品图片也上传到 "upload"文件夹中，产品发布功能才算真正的成功。

问题探索："window.location"方法应用

在制作网页的过程中，在很多的页面中可能要用到定义转向页面，这时就可以使用 "window.location"方法，"window.location"的完整语法为：

```
window.location="转向网址或页面"
```

一般来说，这个语法需搭配触发的动作，如用在按钮上，触发的动作事件就是 "单击按钮"（onclick），所以触发的动作应该是单击按钮，其完整的用法如下：

```
<input type="button" name="submit" value="网站首页"
    onclick="window.location='customers.asp'" >
```

知识拓展：HTMLEncode 和 MapPath 方法

下面来介绍 Server 对象的 HTMLEncode 方法及 MapPath 方法的使用。

1. HTMLEncode 方法

我们都有这样的体验，当使用代码输入 "<i> 欢迎访问我的网站！ </i>" 时，浏览器中将显示 "访问我的网站！" 字样，这是因为浏览器读到 HTML 标记符时都会试图进行解释。但当我们希望浏览器上直接输出文本 "<i> 欢迎访问我的网站！ </i>" 时，就必须对上述的 HTML 标记符进行所谓的 HTML 编码，然后才能在浏览器中正常显示。

这只是 Server 对象的 HTMLEncode 方法，被用于对字符串进行 HTML 编码，其语法格式如下：

```
Server.HTMLEncode(" 字符串 ")
```

因此可以采用如下代码以便在浏览器中正确显示 <i> 和 </i>。

```
<%
Response.write server.HTMLEncode("<i> 欢迎访问我的网站！ </i>")
%>
```

2. MapPath 方法

由于利用 IIS 可以创建多种形式的站点，如虚拟目录、虚拟站点和真正站点等，每个站点都可能指向一个目录，仅仅单凭文件在站点地址中的相对位置是无法判断它在服务器磁盘上的真正位置的。要操作服务器上的文件，必须知道文件在服务器上的真实路径，这可以通过 Server 对象的 MapPath 方法来实现。MapPath 方法的语法格式如下：

```
Server.MapPath(Path)
```

其中，参数 Path 用于指定要映射物理目录的相对或虚拟路径。

利用 ServerVariables("PATH_INFO") 能得到当前文件的虚拟路径，如需要把当前文件的虚拟路径映射为物理路径，可以使用以下代码：

```
<%response.write " 当前文件的虚拟路径为："%>
<%=request.response.write ("PATH_INFO")&"<br>"%>
<%response.write " 该文件的物理路径为："%>
<%=Server.MapPath(Request.ServerVariables("PATH_INFO"))%>
```

其运行结果如图 6-7 所示。

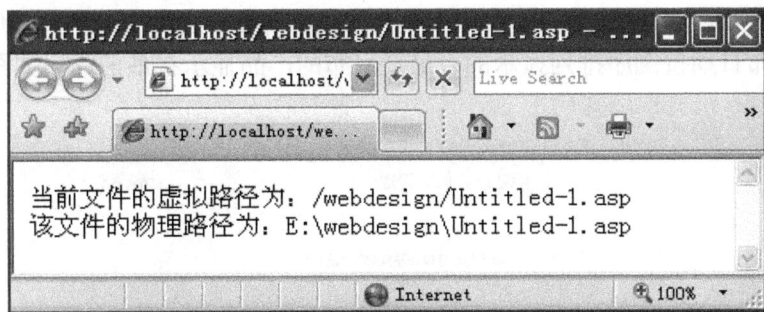

图 6-7　获取当前文件的虚拟路径和物理路径

小　结

产品信息添加功能是商务网站产品管理功能中的重要组成部分。学生要了解产品信息添加的操作流程,掌握产品信息添加功能的页面设计,同时要掌握产品信息添加功能的 ASP 代码。

通过以上的任务,学生可以了解商务网站产品信息添加功能模块在设计过程中的要点及注意的地方,熟悉相应的方法和技巧。

思考题

1. 产品信息添加功能与前面学过的新闻添加功能相比有什么异同点?
2. 列出产品信息添加功能实现的 ASP 代码。

任务二　产品信息列表显示功能制作

任务引出

电子商务网站首页一般都以产品标题或者产品缩略图罗列的方式展示公司的最新产品信息,浏览者可通过单击产品标题超链接或者产品缩略图超链接进入到产品详情浏览页面。

本任务要求完成“浙江吴越商贸机械有限公司”网站产品信息列表显示功能前台页面和后台页面的制作。

作品预览

打开并运行站点文件夹中的产品管理页面文件“cpgl.asp”。当网站中没有发布产品信息时,给出“对不起!目前还没有发布产品!!!”的提示,如图 6-8 所示,当网站中有产品信息时，公司产品主要以标题和缩略图罗列的方式展示公司的最新产品信息，并且产品都是根据发布日期按倒序排列显示的，最新发布的产品显示在最前面，如图 6-9 所示。

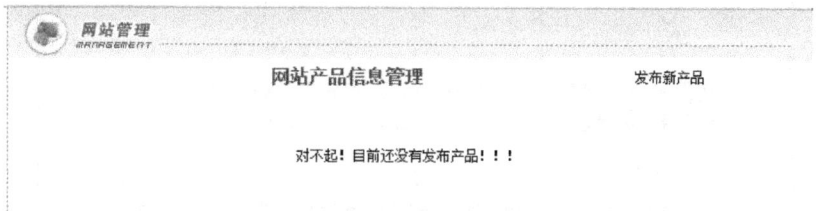

图 6-8　没有发布产品的提示信息

图 6-9　产品信息列表显示页面

实践操作

1. 设计产品信息列表显示的前台界面

在 Dreamweaver 环境下，将已经完成的相关界面作为模块，并将网页保存为"cpgl.asp"，对"cpgl.asp"页面进行相应的排版布局。具体的制作效果，如图 6-10 所示。

产品信息管理页面制作 (cpgl.asp)

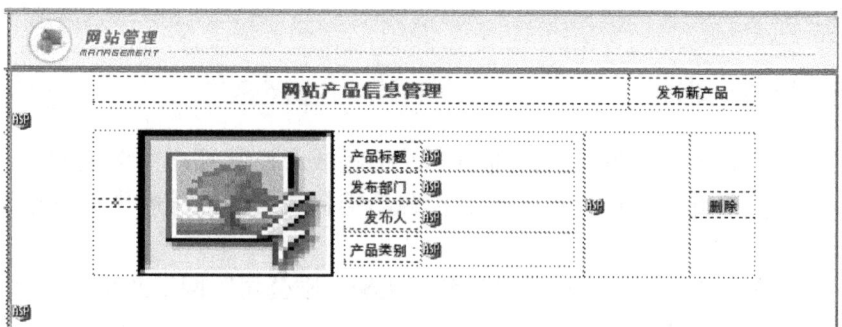

图 6-10　产品信息列表显示前台页面

2. 编写产品信息列表显示后台 ASP 代码

该网页中将产品信息从数据库中读取出来，并在网页中按一定布局方式显示，具体实现代码如下。

① 首先必须连接数据库，调用连接数据库的语句为：

```
<!--#include file="conn.asp"-->
```

② 将产品信息从"cp"数据表中读取出来，并在网页中显示，其代码为：

```
<table width="80%" height="32" border="0" align="center"
cellpadding="0" cellspacing="0">
<tr>
<td width="81%" height="32"><div align="center" style="font-weight:
bold; font-size: 16px; color: #0066FF">网站产品信息管理 </div></td>
<td width="19%"><div align="center"><a href="cpfb.asp">发布新产品 </a></
div></td>
</tr>
</table>

<%
set rs=server.CreateObject("adodb.recordset")
a="select top 6 * from cp order by id desc"
rs.open a,conn
if rs.eof and rs.bof then
Response.write"<br><br><div align=center>对不起！目前还没有发布产品！！！</
div>"
else
while not rs.eof
%>
<table width="80%" height="32" border="0" align="center"
cellpadding="0" cellspacing="0">
<tr>
<td width="7%" height="32"><div align="center"><img src="image/1.gif"
width="6" height="6"></div></td>
<td width="29%">
<a href="cpck.asp?id=<%=rs("id")%>">
<img src="upload/<%=rs("cptp")%>" width="160" height="120">
</a>
</td>
<td width="38%"><table width="92%" height="107" border="0"
align="center" cellpadding="0" cellspacing="0">
<tr>
<td width="34%"><div align="right">产品标题：</div></td>
<td width="66%">
<a href="cpck.asp?id=<%=rs("id")%>">
<%=rs("cpbt")%>
</a>
</td>
</tr>
```

```
<tr>
<td><div align="right"> 发布部门: </div></td>
<td><%=rs("fbbm")%></td>
</tr>
<tr>
<td><div align="right"> 发布人: </div></td>
<td><%=rs("fbr")%></td>
</tr>
<tr>
<td><div align="right"> 产品类别: </div></td>
<td><%=rs("cplb")%></td>
</tr>
</table></td>
<td width="16%"><%=rs("fbsj")%></td>
<td width="10%"><div align="center"><a href="cpsc.
asp?id=<%=rs("id")%>"> 删除 </a></div></td>
</tr>
</table>
<br>
<%
rs.movenext
wend
end if
rs.close
set rs=nothing
%>
```

③ 保存 "cpgl.asp" 页面, 并在浏览器中进行预览, 效果如图 6-8 和图 6-9 所示。

问题探索: Response 对象

功能: Response 对象用于控制向客户端浏览器输出信息。

下面介绍 Response 对象的常用属性。

1. Buffer

Buffer 属性用于设置页面显示时是否在服务器端缓冲。若设置为 True 则当页面代码全部执行完毕或调用 Flush 或 End 方法后, 服务器才将页面执行结果发送给客户端, 否则服务器边执行边发送。ASP3.0 以上版本默认值为 True; Windows 2000 的 IIS5 中默认值也为 True。

2. Charset

Charset 属性用于设置页面显示中所使用的字符集。此属性设置后在客户端浏览器代码的 HTML 头信息的 meta 属性中增加一个属性值对, 即 charset= 字符集名。

3. ContentType

ContentType 属性用于设置客户端 HTTP 文件格式。此属性设置后在客户端浏览器代码的 HTML 头信息的 meta 属性中增加一个属性值对，即 content= 网页内容类型。

4. Isclientconnected

Isclientconnected 属性为只读属性，表示客户端与服务器端是否连接。若此属性返回值为 True，则表示客户端与服务器端处于连接状态，否则表示客户端与服务器端已经断开。

知识拓展：**Response 对象的方法**

1. write

功能：在服务器端将指定数据发送给客户端浏览器。

语法：Response.write 变量或字符串

省略用法：<%= 变量或字符串 %>

说明：字符串内含有引号时，外层使用双引号，内层使用单引号。

例如：

<!-- 基本用法格式 -- >

```
<%
name="zyj"
Response.write name&"，您的访问时间是："&now()
%>
```

<!-- 省略用法格式 -- >

```
<%=name&"，您的访问时间是："&now()%>
```

2. redirect

功能：重定向当前客户端浏览器连接到另一个 URL 页面。

语法：Response.redirect 字符串

说明：字符串是网页 URL，可以是绝对路径或相对路径。

例如：

```
<%
Response.redirect "http://www.tjrtvu.edu.cn"
Response.redirect "sub/other.asp"
%>
```

注意：若在 ASP 文件中间使用 redirect 语句，则必须在页面开头将 Response.buffer 属性设置为 True；ASP3.0 以上版本默认值为 True 所以无须设置。

例如：根据不同的用户类型重定向到相应页面，其示例代码如下所示。

```
<html>
<head>
<title> Response.redirect 用法示例 </title>
</head>
<body>
<form name="usertype" method="post" action="">
请选择用户类型：
<input type="radio" name="user_type" value="teacher"> 教师
<input type="radio" name="user_type" value="student"> 学生
<input type="submit" value=" 确定 ">
</form>
<%
if Request.Form("user_type")="teacher" then
Response.Redirect "teacher.asp"                 ' 将教师用户引导至教师网页
elseif Request.Form("user_type")="student" then
Response.Redirect "student.asp"                 ' 将学生用户引导至学生网页
end If
%>
</body>
</html>
```

3. clear

功能：清除服务器缓冲区中的数据。

语法：Response.clear

说明：

①使用该方法时缓冲区必须打开，即 Response 的 buffer 属性值必须为 True。

②使用该方法只能清除 HTML 文件中的 Body 部分。

4. end

功能：停止执行当前 ASP 页面代码并输出服务器缓冲区中的已有结果。

语法：Response.end

说明：使用该方法时缓冲区必须打开，即 Response 的 buffer 属性值必须为 True。

5. flush

功能：输出服务器缓冲区中的数据到客户端。

语法：Response.flush

说明：使用该方法时缓冲区必须打开，即 Response 的 buffer 属性值必须为 True。

6. binarywrite

功能：直接向客户端输出二进制信息。

语法：Response.binarywrite 字符串

小　结

产品信息列表显示功能是商务网站产品管理功能中的重要组成部分。学生要掌握产品信息添加与列表显示功能的页面设计，同时了解产品列表显示功能 ASP 代码。

通过以上的任务，学生可以了解商务网站产品信息列表显示功能模块在设计过程中的要点及注意的地方，熟悉相应的方法和技巧。

思考题

1. 产品信息列表显示与新闻列表显示功能相比有什么异同点？
2. 列出产品信息列表显示功能实现的 ASP 代码。

任务三　产品详细信息查看、产品信息删除功能制作

任务引出

网站产品信息查看和删除是产品功能模块中另外两个比较重要的子功能。网站管理人员可以打开产品管理页面（"cpgl.asp"），单击指定的产品标题，可以查看产品详细内容；单击"删除"超链接，可以删除指定的产品信息。本任务要求完成"浙江吴越商贸机械有限公司"网站产品详细信息查看页面和产品信息删除页面的制作。

作品预览

打开并运行站点文件夹中的产品管理页面文件"cpgl.asp"。在显示出来的产品列表信息中，单击指定的产品标题或者产品缩略图，可以查看该产品的详细内容，如图 6-11 所示；选择相应的产品信息，单击"删除"超链接，则可以将该条产品信息删除掉，如图 6-12 所示。

图 6-11　产品信息查看页面

产品信息详情页面的制作

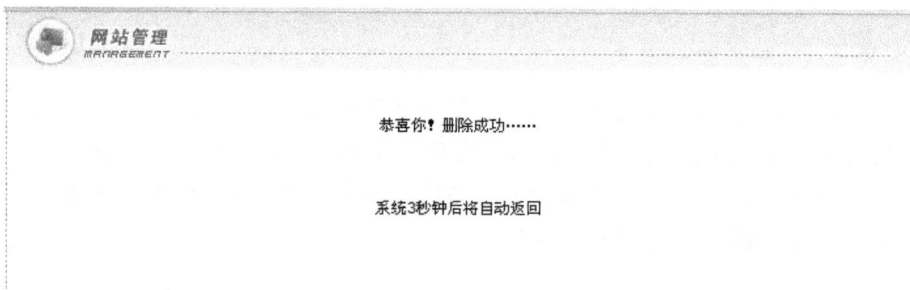

恭喜你！删除成功……

系统3秒钟后将自动返回

图 6-12　产品信息删除页面

实践操作

1. 产品信息查看页面前台界面设计

在 Dreamweaver 环境下，将已经完成的相关界面作为模块，并将网页保存为 "cpck.asp"，对 "cpck.asp" 页面进行相应的排版布局。具体的制作效果，如图 6-13 所示。

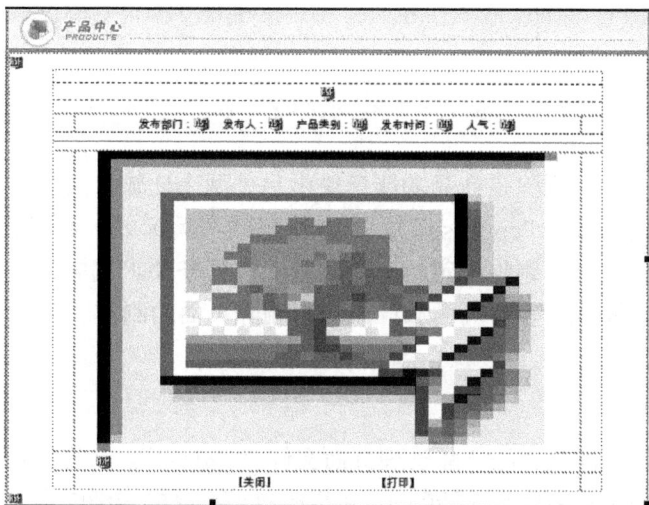

图 6-13　产品信息查看页面效果

2. 产品信息查看页面后台 ASP 代码编写

"cpck.asp" 页面中，主要的 ASP 代码如下。

① 调用连接数据库的语句为：

```
<!--#include file="conn.asp"-->
```

② 将产品信息详细展示出来，其功能实现的代码如下：

```
<%
set rs=server.CreateObject("adodb.recordset")
```

```
a="select * from cp where id="&request("id")
rs.open a,conn,1,3
rs("rq")=rs("rq")+1
rs.update
%>
<table width="86%" border="0" align="center" cellpadding="0"
cellspacing="0">
<tr>
<td height="48" colspan="3"><div align="center" style="font-weight:
bold; color: #3366FF; font-size: 16px"><%=rs("cpbt")%></div></td>
</tr>
<tr>
<td width="4%"> </td>
<td width="92%"><div align="center">发布部门: <%=rs("fbbm")%>   发布人:
<%=rs("fbr")%>   产品类别: <%=rs("cplb")%>   发布时间: <%=rs("fbsj")%>   人
气: <%=rs("rq")%> </div></td>
<td width="4%"> </td>
</tr>
<tr>
<td colspan="3" height="20"><hr></td>
</tr>
<tr>
<td height="33"> </td>
<td><div align="center"><img src="upload/<%=rs("cptp")%>" width="500"
height="330"> </div></td>
<td> </td>
</tr>
<tr>
<td> </td>
<td>   <%=rs("cpxq")%> </td>
<td> </td>
</tr>
<tr>
<td> </td>
<td><div align="center">【关闭】                【打印】</div></td>
<td> </td>
</tr>
</table>
<%
rs.close
set rs=nothing
%>
```

③ "cpck.asp"页面中"关闭""打印"效果制作。可以看到"cpck.asp"页面中的右下方有"关闭""打印"两个按钮,单击"关闭"按钮就会弹出如图 6-14 所示的提示框。单击"打印"按钮时就会弹出如图 6-15 所示的提示信息。

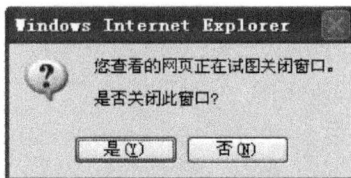

图 6-14 单击"关闭"按钮时弹出的提示框

图 6-15 单击"打印"按钮时弹出的提示信息

要实现该功能需要在网页的 <body> 标签前面插入一段 VBScript 语言，具体写法如下：

```
<script language=vbscript src="script.vbs"></script>        '将此段语句放在
<body> 标签前面
```

"script.vbs"文件中的代码具体如下：

```
function docexe(comvalue)
    document.execCommand (comvalue)
End function

function winclose
window.close
End function
```

④保存网页并进行预览和测试。测试时要从"cpgl.asp"开始预览，单击产品的标题或者产品的略缩图可以进入产品信息查看页面"cpck.asp"，浏览产品的详细信息，如图 6-11 所示。

3. 制作产品信息删除功能前台页面设计

利用前面的模板，将新闻删除页面"xwsc.asp"另存为产品信息删除功能页面"cpsc.asp"，具体设计制作效果，如图 6-16 所示。

产品信息删除功能制作

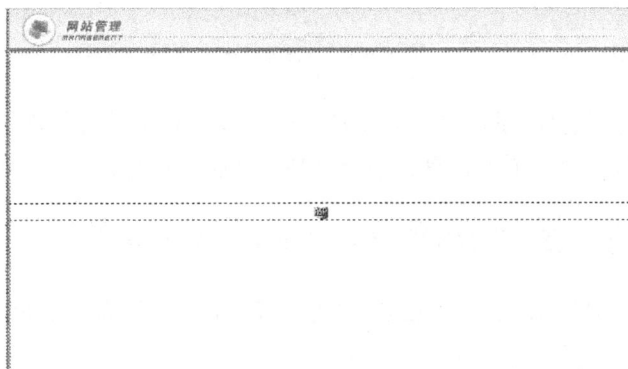

图 6-16　产品信息删除功能页面

4. 编写产品信息删除功能后台 ASP 代码

在"cpsc.asp"页面中，主要的 ASP 代码如下。
① 调用连接数据库的语句为：

```
<!--#include file="conn.asp"-->
```

② 将指定的产品信息从"cp"数据表中删除，并将产品相关的图片从"upload"文件夹中删除，其功能实现的 ASP 代码为：

```
<%
set rs=server.CreateObject("adodb.recordset")
a="select * from cp where id="&request("id")
rs.open a,conn
b=rs("cptp")
rs.close
set rs=nothing

c=server.MapPath("upload")&"\"&b
set fso=createobject("scripting.filesystemobject")
if fso.fileexists(c) then
fso.deletefile c
end if

d="delete from cp where id="&request("id")
conn.execute d

response.write "<div align=center>恭喜你！删除成功……</div><br><br>"
response.write "<div align=center>系统 3 秒钟后将自动返回 </div>"
%>
```

③ "系统 3 秒钟后将自动返回"功能实现的代码。
在"cpsc.asp"页面代码界面的最上面插入 <meta> 标签，具体语句如下：

```
<meta http-equiv="refresh" content="3;url='cpgl.asp'">
```

④保存网页并进行预览测试。测试时要从"cpgl.asp"开始进行预览，选择指定的产品信息，单击"删除"按钮，就会看到新闻信息删除成功的提示信息，如图 6-12 所示。

问题探索：表单方法"POST"与"GET"的比较

表单动作有"POST"方法与"GET"方法可供选择。下面我们就来比较一下在表单中使用"POST"和"GET"的区别。

在表单中，可以使用"POST"方法也可以使用"GET"方法，它们都是 method 的合法取值。但是，"POST"和"GET"方法在使用上至少有以下几点不同：

（1）"GET"方法通过 URL 请求来传递用户的输入，"POST"方法则通过另外的形式，它将表单内各个字段与其内容放置在 HTMLHEADER 内一起传送到 action 属性所指的 URL 地址，用户看不到这个过程。

（2）"GET"方法的提交需要用 Request.QueryString 来取得变量的值，而"POST"方法提交时，必须通过 Request.Form 来访问提交的内容。

（3）传输的数据量不同。"GET"方法传送的数据量较小，不能大于 2KB，而"POST"方法传送的数据量较大，一般默认为不受限制，但实际上会因为服务器的不同而有所差异。

（4）安全性不同。"GET"方法传递的参数可以在页面上看见，所以安全性较低。而"POST"方法传递的参数用户不可见，故安全性较高。

知识拓展：Execute、Transfer 和 CreateObject 方法

下面来介绍一下 Server 对象 Execute 方法、Transfer 方法及 CreateObject 方法的使用。

1. Execute 与 Transfer 方法

Execute 方法"呼叫"一个 ASP 文件并且执行它，就像这个"呼叫"的 ASP 文件（或称第二个 ASP 文件）存在于这个 ASP 文件（在"呼叫"之前所执行的 ASP 文件，代称第一个 ASP 文件）中一样，Execute 方法的语法如下：

```
Server.Execute (Path)
```

其中，参数 Path 用于指定执行的那个 ASP 文件的路径。

当 IIS 根据指定的 ASP 文件路径执行完这个 ASP 文件后，就会自动返回以前的 ASP 文件。与 Execute 命令用法相同，ASP 执行 Transfer 命令也将调用第二个 ASP 文件；但不同的是，系统自动将控制权转移给后者，包括所有状态信息。

下面通过一个例子说明 Execute 与 Transfer 方法的区别，案例程序需要有主调用和被调用两个文件。

（1）主调用文件 6-2A.asp 程序代码如下：

```
<%
Response.write(" 调用 ASP 程序的结果为：<br><hr>")
Server.Execute("6-2B.asp")
Response.write("<hr> 请注意看，此处出现了这段文字了吗？")
%>
```

（2）被调用文件 6-2B.asp 程序代码如下：

```
<%
Response.write("IP 地址为：<br>")
Response.write(request.ServerVariables("remote_addr")&"<br>")
Response.write(" 浏览器类型为：<br>")
Response.write(request.ServerVariables("http_user_agent")&"<br>")
%>
```

执行文件后的显示结果，如图 6-17 所示。

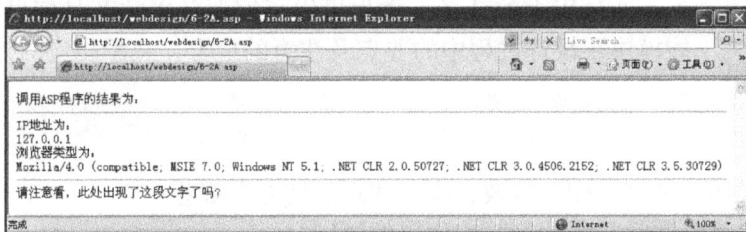

图 6-17　Execute 方法应用

在主调用文件 6-2A.asp 程序中用 Transfer 方法替代 Execute 方法，执行文件后的显示结果，如图 6-18 所示。

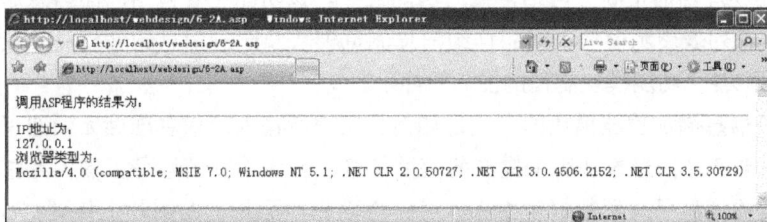

图 6-18　Transfer 方法应用

2. CreateObject 方法

CreateObject 方法是 Server 对象中最重要的方法，它用于指定要创建的组件名称，它允许创建已注册到服务器上的 ActiveX 组件。这是一个非常有用的特性，因为通过使用 ActiveX 组件能够扩展 ActiveX 能力。CreateObject 方法的语法如下：

```
Set 对象实例名称 =Server.CreateObject(" 组件名 . 组件类型 ")
```

例如：

```
Set conn=Server.CreateObject(adodb.connection)
```

在默认情况下，在当前 ASP 页处理完成后，服务器将自动破坏这些对象，也可以在 ASP 程序中通过如下脚本清除对象实例：

```
<%set rs=nothing%>
```

小　结

产品信息添加和删除功能是商务网站产品管理功能中的重要组成部分。学生要了解产品信息添加和删除的操作流程，掌握产品信息添加与删除功能的页面设计，同时要掌握产品信息添加与产品删除功能程序运行成功的 ASP 代码。

通过以上的任务，学生可以了解商务网站产品信息添加和删除功能模块在设计过程中的要点及注意的地方，熟悉相应的方法和技巧。

产品导航与联系方式的制作

思考题

1. 实现"关闭"和"打印"特效，应该注意的地方有哪些？
2. 比较产品信息删除与新闻删除的代码的区别。

项目知识梳理与总结

1. 产品管理功能是商务网站常见的功能之一。该功能主要包括产品信息添加功能模块、产品信息列表展示模块、产品详细信息浏览模块及产品信息删除模块。在设计的过程中应该注意各个功能模块制作的前后顺序。

2. 产品信息添加功能模块的实质是如何将用户所输入的信息准确无误地写入到数据表中去。根据产品信息添加表单提交的相关信息，首先检查信息是否输入完整，然后一方面将产品的信息写入到数据表中去，另一方面将产品相关的图片上传到"upload"文件夹中去。该页面制作的要点是编写产品信息添加成功的 ASP 代码。

3. 产品信息列表展示模块的实质是如何将产品信息从数据表中读取出来，然后通过列表的方式展示出来。该页面制作的要点是正确书写产品信息读取出来的 ASP 代码。

4. 产品详细信息浏览模块的实质是将指定产品信息详细地展示出来，供用户查看。该页面制作的要点是指定具体产品的 ASP 代码和将产品信息详细展示出来的 ASP 代码。同时掌握"关闭"与"打印"功能实现的代码。

5. 产品信息删除模块的实质是如何将产品信息从数据表与"upload"文件夹中删除。该页面的制作要点是产品信息从数据表中删除的 ASP 的代码设计。

项目七

商务网站其他功能开发

实 训 目 的

掌握网站计数器的功用及计数器 ASP 代码的编写；了解商务网站留言板功能模块在设计过程中的要点，熟悉商务网站留言板编写的方法和技巧。

实训重点：网站计数器的功用及计数器 ASP 代码的编写。

学习难点：商务网站留言板的代码编写。

项 目 导 航

为使电子商务网站的功能更加完善，还需要开发一些其他常见的功能系统。在本项目中，主要介绍网站计数器、留言板系统等功能的制作，要求掌握制作过程的相关技巧。

任务一　网站计数器的制作

任务引出

网站计数器是网站常备的一个功能模块。通过计数器，可以帮助网站管理者提供各种各样的统计数据（如总人数、今年总人数、本月总人数、今天总人数、当前在线人数、浏览人 IP 等），方便了解网站的受欢迎程度。从技术层面上来看，浏览者访问网站，触发计数程序执行，并将计数统计数据"写"入后台数据库中；网站管理者（或浏览者）可以通过查询访问数据库页面直接获取计数统计数据。

本任务要求为"浙江吴越商贸机械有限公司"网站完成计数器的制作。

作品预览

打开并运行站点文件夹中的主页文件"index.asp"。当网页显示出来时就会发现，在网页底部出现了网站访问人数的统计信息——"计数器"。"计数器"是企业网站中比较常见的功能之一，结构比较简单，设计起来也相对不是很难，其功能主要是将访问网站的人数统计出来，方便网站管理者管理。网站"计数器"的效果，如图 7-1 所示。

图 7-1　网站"计数器"的效果

实践操作

1. 设计用来计数的页面

在 Dreamweaver 环境下，选择"文件"→"新建"命令，创建 ASP VBScript 页面，并将网页保存为"counter.asp"。单击"代码"视图，将里面已经存在的代码全部删除，同时在"代码"视图中，写入如下进行计数的 ASP 代码。

```
<% '数量统计代码
countfile=server.mappath("counter.txt") '新建一个文档，里面填写一个初始数据
set fileobject=server.CreateObject("scripting.filesystemobject")
set out=fileobject.opentextfile(countfile,1,False,false)
counter=out.readline
out.close
set fileobject=server.CreateObject("scripting.filesystemobject")
set out=fileobject.createtextfile(countfile,true,false)
application.Lock
counter= counter + 1
out.writeline(counter)
application.UnLock
response.Write"document.write("&counter&")"
out.close
%>
```

选择"文件"→"保存"命令保存代码。

2. 新建计数用文本文档

找到站点目录，在站点目录下新建一个"counter.txt"文本文档，在文档中可以手工填上计数的起始值。

注意：起始值必须为数字形式。

3. 在"index. asp"页面中调用"counter. asp"文件

打开"index.asp"页面，在"代码"视图下，在网页页面的底部的合适位置写入如下代码：

```
您是 <script language="javascript" src="counter.asp"></script> 位访客！
```

4. 保存网页并进行预览和测试

保存网页进行"index.asp"页面预览，在预览的效果中就会出现如图 7-1 所示的网站访问量计数数值。

问题探索：框架运用方法

在网页制作的过程中，框架技术是比较常见的应用。使用框架技术有何优点呢？

利用框架可以把浏览器窗口划分为若干个区域，每个区域就是一个框架，在其中分别显示不同的网页；同时还需要一个文件用于记录框架的数量、布局、链接和属性等信息，这个文件就是框架集。普通的 HTML 文档分别被放置到各框架中，当链接到设置框架的 HTML 文档时，整个框架及各 HTML 文档就会一起显示在浏览器中。

使用框架的比较常见的情况是，一个框架显示包含导航栏目的文档，而另一个框架显示含有内容的文档。

使用框架具有以下优点：

（1）访问者的浏览器不需要为每个页面重新加载与导航相关的图形。

（2）每个框架都具有自己的滚动条（如果内容太多，在窗口中显示不下），因此访问者可以独立滚动这些框架。

使用框架具有以下缺点：

（1）可能难以实现不同框架中各元素的精确图形对齐。

（2）对导航进行测试可能很耗时间。

（3）各个带有框架的页面的 URL 不显示在浏览器中，因此访问者可能难以将特定页面设为书签。

知识拓展：提高 ASP 页面安全性能的方法

提高 ASP 页面的安全性能有助于提高电子商务网站的安全性，其重点在于如何有效地防止 ASP 源程序泄露，以及如何限制非授权用户对 ASP 页面的访问两方面问题。

1. 防止 ASP 源程序泄露

目前，防止 ASP 源程序泄露的方法有两种：一种是使用组件技术将代码逻辑封装入 DLL（动态链接库）之中；另一种是使用微软公司的 Script Encoder 脚本编码器对 ASP 页面进行加密，使其不会轻易地被用户查看或修改。其中，前一种方法比较复杂和麻烦，一般用得比较少；而使用 Script Encoder 对 ASP 页面进行加密，操作简单且效果良好，目前这种方法应用比较普遍，在网上也能下载 Microsoft Script Encoder 脚本加密工具。

Script Encoder 的语法如下：

```
SCRENC [/s][/f][/xl][/l defLanguage][/e defExtension] inputfile outputfile
```

Script Encoder 脚本编码器的语法的组成部分，具体说明如表 7-1 所示。

表7-1　Script Encoder脚本编码器语法说明

参数	说　明
/s	可选。指定脚本编码器的工作状态，即产生无屏幕输出；如果省略，默认为提供冗余输出
/f	可选。指定输入文件将被输出文件覆盖；如果省略，输出文件不会被覆盖
/xl	可选。指定是否在 .ASP 文件顶部添加 @language 伪指令；如果省略，将添加到所有的 .ASP 文件中
/l defLanguage	可选。指定在编码过程中使用默认的脚本语言（JavaScript 或 VBScript）；如果省略，VBScript 是动态网页的默认语言
/e delExtension	可选。指定待加密文件的扩展名；默认识别的文件扩展名有 asa、asp、cdx、htm、html、js、sct 和 vbs
inputfile	必选。指定要被编码的文件名称，包括相对于当前目录的任何需要的路径信息
outputfile	必选。指定要生成的输出文件名称，包括相对于当前目录的任何需要的路径信息

例如，命令"screnc *.asp c:\temp"，表示对当前目录中的所有 .ASP 文件进行编码，并把编码后的输出文件放在"c:\temp"路径下。

Script Encoder 只加密页面中嵌入的脚本代码，其他部分如 HTML 的 TAG 仍然保持原样不变，处理后的文件中被加密过的部分为只读内容，对加密部分的任何修改都将导致整个加密后的文件不能使用。

2. 限制非授权用户对 ASP 页面的访问

为防止未经注册的用户绕过注册页面直接进入 ASP 页面，可以采用 session 对象实现。session 对象最大的优点是可以把某用户的信息保留下来，让后续的网页读取。

基于用户名和密码限制的 ASP 页面访问的代码如下。

```
<%
if session("username")="" then                    '用户没有登录
response.redirect "error.asp"
end if

if session("username")<>"" and session("grade")=0 then   '用户没有登录，但
操作权限不够
response.redirect "error.asp"
end if
%>
```

小　结

商务网站中，网站计数器是一个常见的功能。它可帮助网站管理人员了解网站人数的访问情况。在制作网站计数器的过程中，其实质是完成网站计数器 ASP 代码的编写。

通过本任务的学习，主要是让学生掌握网站计数器的功用，掌握网站计数器 ASP 代码的编写和在整个制作过程中的技巧和应该注意的地方。

思考题

1. 阐述网站计数器的功用。
2. 列出网站计数器功能实现的 ASP 代码。

任务二　留言板功能模块的制作

任务引出

留言板是常见的一种网络交流方式，借助留言板可让用户直接在网站上留言。从技术层面上来看，留言板的实现实质就是对网站后台数据库的"读"与"写"的操作处理：当用户在线填写留言信息后，留言将被"写"入数据库中；当浏览留言内容时，留言内容将从数据库中"读"出来。

本任务要求为"浙江吴越商贸机械有限公司"网站完成留言系统的制作。

作品预览

打开并运行站点主页文件"index.asp"，单击网站右上方的"客户咨询"按钮，弹出网站客户留言页面，如图 7-2 所示。用户填写好留言信息之后，单击"发表"按钮，留言发表成功之后会弹出发表成功的提示信息。管理员可以通过后台网站留言管理页面，查看留言情况，如图 7-3 所示，同时可以根据需要删除客户留言。

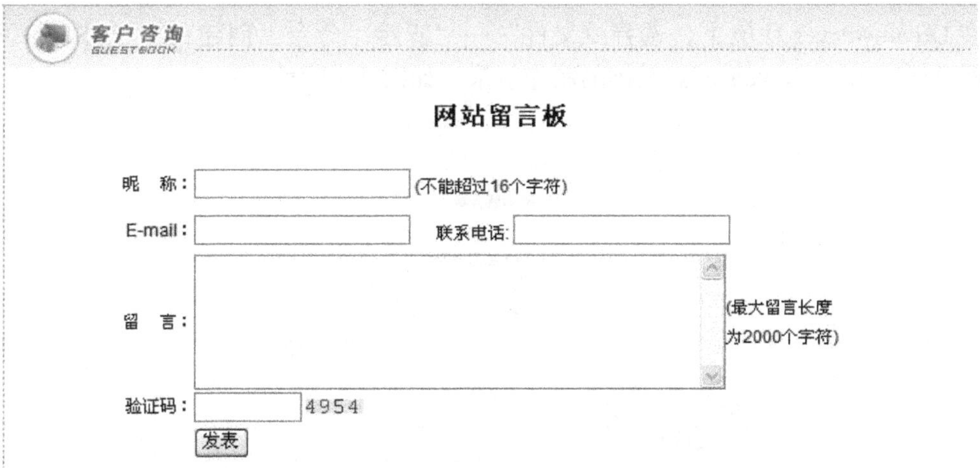

图 7-2　网站客户留言页面

图 7-3　后台网站留言管理页面

实践操作

1. 设计数据库表

启动 Access，打开"webdata.mdb"数据库，然后在数据库中创建数据表"gbook"。

"gbook"数据表由"id""username""content""addtime""email""phone" 6 个字段构成，其属性和说明参见表 7-2。

表7-2　"gbook"数据表的属性

字段名称	数据类型	备注说明
id	自动编号	留言编号，主键
username	文本	留言主题（必填）
content	文本	留言内容（必填）
addtime	日期 / 时间	留言发布时间
email	文本	留言人 email（必填）
phone	数字	留言人电话号码

为了记录留言发表的具体时间，在"addtime"字段的"默认值"框中输入"Now()"，用于获取当前的留言时间。

2. 制作留言发表页面

在 Dreamweaver 环境下，选择"文件"→"新建"命令，创建 ASP VBScript 页面，并将网页保存为"gbook.asp"。具体的制作效果，如图 7-4 所示。

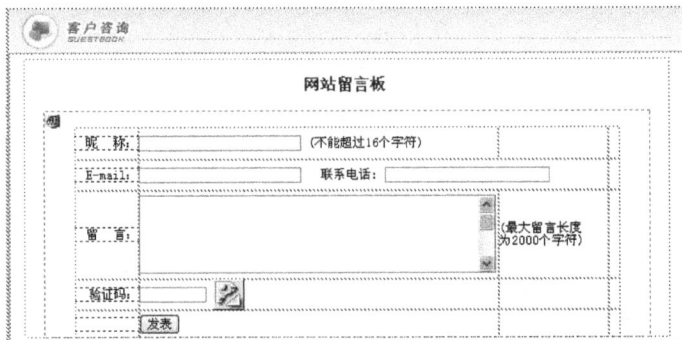

图 7-4　留言发表页面

选中"昵称"字段所对应的文本框，将其命名为"username"，注意不能超过 16 个字符；选中"E-mail"字段所对应的文本框，命名为"email"；选中"联系电话"字段所对应的文本框，将其命名为"phone"；选中"留言"字段所对应的文本域，将其命名为"content"，注意最大留言长度为 2000 个字符；选中"验证码"字段所对应的文本框，将其命名为"validate"；"验证码"旁边的对象为图像对象，其源文件设置如图 7-5 所示。

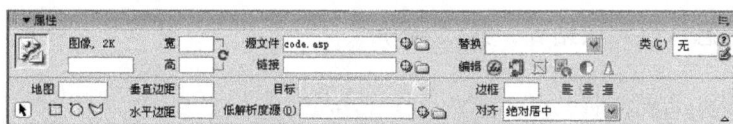

图 7-5　验证码图标属性设置

注意：由于在前面已经对"addtime"字段设置了默认值，在此就不用进行数据的插入工作了。

添加表单，使表单的开始标签与结束标签包围整个留言信息添加功能模块。同时选中表单"form"，将表单的"动作"（action）属性设置为"gbook_save.asp"，"方法"（method）属性设置为"POST"，如图 7-6 所示。

图 7-6　表单动作定义界面

3. 留言信息保存处理页面制作

以"gbook.asp"为模板，进行相应的修改处理，并另存为"gbook_save.asp"，该页面具体的制作效果，如图 7-7 所示。

图 7-7　"gbook_save.asp"网页制作效果

"gbook_save.asp"是留言信息保存页面，该功能实现的后台 ASP 代码如下。

① 首先必须调用连接数据库页面和无组件文件上传功能，其代码为：

```
<!--#include file="conn.asp"-->' 调用连接数据库的页面
```

② 判断输入的验证码是否正确，其代码：

```
<% '判断输入的验证码是否正确
  validate=replace(request.form("validate"),"' ","")
  if  validate<>cstr(Session("GetCode")) then %>
```

```
<script   language= "javascript">
window.alert("请输入正确的验证码! ");
window.location= "gbook.asp "
</script>
<%end if %>
```

③将留言信息保存到数据表，其代码为：

```
<% '将留言信息保存到数据表
username=replace(request.form("username"),"’ ","")
content=replace(request.form("content"),"’ ","")
email=replace(request.form("email"),"’ ","")
phone=replace(request.form("phone"),"’ ","")
set rs=server.CreateObject("adodb.recordset")
rs.open "select * from [gbook] " ,conn,1,3
rs.addnew
rs("name")=username
rs("content")=content
rs("email")=email
rs("phone")=phone
rs("addtime")=now()
rs.update
rs.Close
set rs=nothing
response.write "<br><br><div align=center>感谢你的留言! 谢谢! </div><br><br>"
response.write "<div align=center><a href=gbook.asp>3秒钟后系统自动返回
</a></div>"
%>
```

④保存"gbook_save.asp"页面。

4. 留言信息管理页面制作

同样以"gbook.asp"为模板，进行相应的修改处理和设计制作，然后另存为"gbookmanage.asp"，该页面具体的制作效果，如图7-8所示。

图7-8 "gbookmanage.asp"页面制作效果

"gbookmanage.asp"是留言信息管理页面，该功能实现的后台 ASP 代码如下。

① 首先必须调用连接数据库页面和无组件文件上传功能，其代码为：

```
<!--#include file="conn.asp"-->' 调用连接数据库的页面
```

② 将留言信息显示、管理功能实现的 ASP 代码为：

```
<TABLE cellSpacing=0 cellPadding=0 width="90%" align="center">
<TBODY>
<TR>
<TD height=338 valign="top">
<%  set rs=server.CreateObject("ADODB.RECORDSET")
set rs=server.CreateObject("ADODB.RECORDSET")
if Request("Page")<>"" then
Page = CLng(Request("Page"))
end if
If Page < 1 Then
Page = 1
end if
PageSize=10
sql="select count(*) as a from [gbook] "
rs.open SQL,conn,1,3
count=rs("a")
PageCount=CInt(rs("a")/PageSize+0.5)
%>
<table border="0" cellspacing="0" cellpadding="4" height="168">
<tr>
<td height="30" colspan="2" valign="bottom">    留言管理：
共有 <%=rs("a")%> 条客户留言！ </td>
<td></td>
</tr>
<tr>
<td  height="1"  colspan="2"  bgcolor="#CCCCCC"></td>
<td width="21" height="1" bgcolor="#CCCCCC"></td>
</tr>
<tr>
<td height="0" colspan="3" >
<%rs.Close%>
<% if page=1 then
SQL="select top 10 * from [gbook]  order by ID desc"
else
SQL="select top 10 * from [gbook] and where ID not in (select top
"&Cstr(PageSize*(page-1))&" ID from order [gbook] by ID desc) order by ID desc"
end if
rs.open SQL,conn
if rs.eof and rs.bof then
```

```
response.write "<p align=center>对不起！目前还没有留言……</p>"
%>
</td>
</tr>
<%else
while not rs.eof%>
<tr>
<td height="74" colspan="3" 50 >
<table width="97%" border="0" align="center" cellpadding="0"
cellspacing="1" bgcolor="#FFFFFF" class="a" >
<tr bgcolor="#EFE8E2">
<td width="77" height="30" align="center"><div align="right"><font
color="#666666">昵    称: </font></div></td>
<td colspan="2" ><font color="#666666"> <%=rs("name")%> </font></td>
<td colspan="3" ><font color="#666666"><a href=delgbook.
asp?ID=<%=rs("ID")%>>删除 </a></font> </td>
</tr>
<tr bgcolor="#EFE8E2">
<td width="77" height="27" align="center"><div align="right"><font
color="#666666">E-Mail: </font></div></td>
<td width="127"><font color="#666666"> <%=rs("email")%> </font></td>
<td width="78"><div align="center"><font color="#666666">联 系 电 话: </
font></div></td>
<td width="96"><font color="#666666"><%=rs("phone")%></font></td>
<td width="97"><div align="center"><font color="#666666">发 布 日 期: </
font></div></td>
<td width="116"><font color="#666666"><%=rs("addtime")%></font></td>
</tr>
<tr bgcolor="#EFE8E2">
<td width="77" height="26" align="center"><div align="right"><font
color=#666666>具体要求: </font></div></td>
<td colspan="5">
<table width="100%" border="0" cellpadding="5" cellspacing="0">
<tr>
<td class="News-05"><font color="#666666"><%=rs("content")%> </font></td>
</tr>
</table></td>
</tr>
</table></td>
</tr>
<tr>
<td width="21" height=1 background=image/line_1.gif></td>
<td width="559" height=1 background=image/line_1.gif></td>
<td width="21" height=1 background=image/line_1.gif ></td>
</tr>
<%rs.movenext
```

```
wend
end if
rs.close
%>
<tr>
<td height="10" colspan="3" align=center ></td>
</tr>
<tr bgcolor="#F7F7F7">
<td height="20" colspan="3" align=center> 共 <%=pagecount%> 页
|<a href="gbookmanage.asp?page=1"> 第 一 页 </a>|<a href="gbookmanage.
asp?page=<%=page-1%>"> 上 一 页 </a>|<a href="gbookmanage.asp?page=<%=page+1%>">
下一页 </a>|<a href="gbookmanage.asp?page=<%=pagecount%>"> 末页 </a>|</td>
</tr>
</table>
</TD>
</TR></TBODY></TABLE>
```

③ 保存"gbookmanage.asp"网页。

5. 留言信息删除页面制作

同样以"gbook.asp"为模板,进行相应的修改处理,并另存为"delgbook.asp",该页面具体的制作效果,如图 7-9 所示。

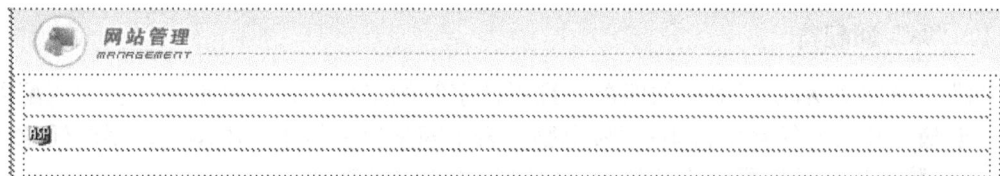

图 7-9 "delgbook.asp"页面制作效果

"delgbook.asp"是留言信息删除页面,该功能实现的后台 ASP 代码如下。

① 首先必须调用连接数据库页面和无组件文件上传功能,其代码为:

```
<!--#include file="conn.asp"-->          '调用连接数据库的页面
```

② 将留言信息删除功能实现的 ASP 代码为:

```
<%
sql="delete from [gbook] where ID="&trim(Request("ID"))
conn.Execute sql
response.write "<div align=center> 恭喜你! 留言删除成功……</div><br><br>"
response.write "<div align=center><a href=gbookmanage.asp> 系统 3 秒钟后
将自动返回 </a></div>"
%>
```

③ 保存 "delgbook.asp" 网页。

6. 预览并测试

从 "gbook.asp" 开始预览，测试留言功能的添加、显示与删除功能。

问题探索：模糊查询方法

网站中数据的查询功能是比较常见的，但在实际查询过程中，不见得总是能够给出精确的查询条件，因此需要根据一些不确切的线索来查询信息，SQL 提供的 like 子句就能实现这类模糊查询。

like 子句在大多数情况下会与通配符配合使用。SQL 提供了 4 种通配符供用户灵活实现复杂模糊查询条件，如表 7-3 所示。

表7-3 SQL提供的通配符及功能

通配符	功 能
%（百分号）	可匹配任意类型和长度的字符
_（下画线）	可匹配任意单个字符，它常用来限制表达式的字符长度
[ ]（封闭方括号）	表示方括号中列出的任意一个字符
[^]	任意一个没有在方括号中列出的字符

所有通配符都只有在 like 子句中才有意义，否则通配符会被当作普通字符处理。

下面具体介绍最常用通配符 "%" "_" 的使用。

1. "%" 通配符

"%" 通配符表示任意字符的匹配，且不计字符的多少。如 "电脑 %" 表示匹配以字符串 "电脑" 开头的任意字符串；"% 电脑" 表示匹配以字符串 "电脑" 结尾的任意字符串；"% 电脑 %" 表示匹配含有字符串 "电脑" 的任意字符串。

此外，使用 "%" 通配符还可以指定开头和结尾同时匹配的方式，这在实际应用中使用得也较多。

另外，"%" 通配符还经常用在 not like 语句中实现排除查询。

2. "_" 通配符

与 "%" 通配符不同，"_" 通配符只能匹配任何单个字符。如 "_hia" 表示匹配以 hia 结尾的所有 4 个字母的字符串（"Ehia" "2hia" "ahia" 等）。当然，要表示两个字符的匹配，就需要使用两个 "_" 通配符。

只有在用户确定所要查询的字符串的个数，而不确定其中的一个或几个字符的确切值时，才能使用 "_" 通配符。

知识拓展：构建安全的 Web 服务器运行环境

IIS+ASP+Access 电子商务网站的基本安全措施就是构建安全的 Web 服务器运行环境，主要包括配置安全的 Windows 操作系统、配置安全的 IIS 两方面的内容。由于配置安全的

IIS 方面的内容已在前面陈述，在此主要就配置安全的 Windows 操作系统方面做出介绍。

因为 IIS 是建立在 Windows 操作系统下的，IIS 与 Windows 共享用户，IIS 目录的权限依赖 Windows 的 NTFS 文件系统的权限控制，因此保护 IIS 的安全性也应该建立在 Windows 系统安全性基础之上。因此，保证 Windows 系统安全性是 IIS 安全性的前提和基础。

保护 Windows 操作系统安全的常见措施有以下几点：

（1）保持 Windows 升级。应及时更新 Windows 所有升级，并为系统打好一切补丁，尽可能堵住 Windows 自身的安全漏洞。

（2）在服务器上使用 NTFS 文件系统。NTFS 是 Windows NT 所采用的独特文件系统结构，是一种能够提供各种 FAT 版本所不具备的性能、安全性、可靠性与先进特性的高级文件系统。NTFS 提供了服务器或工作站所需的安全保障。FAT 文件系统只能提供共享级的安全，且在默认情况下，每建立一个新的共享，所有用户都能看到，这不利于系统的安全性，而在 NTFS 文件系统下，建立新共享后可以通过修改权限来保证系统的安全。

（3）修改系统管理员的默认账户名，防止非法用户攻击，如图 7-10 所示。

（4）禁用 TCP/IP 协议中的 NetBIOS。Web 服务器和域名系统（DNS）服务器不需要 NetBIOS，但有的黑客就可以通过基于 TCP/IP 的 NetBIOS 入侵到 Windows 系统，而基于 TCP/IP 的 NetBIOS 在默认情况下为"允许"状态，因此应该禁用此协议，如图 7-11 所示。

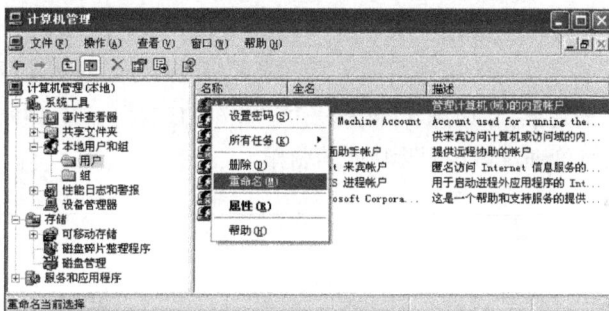

图 7-10　修改系统管理员账户名

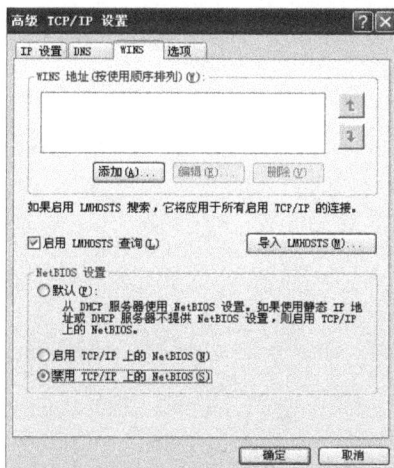

图 7-11　禁用 NetBIOS

小 结

网站留言板是常见的一种网络交流方式，借助留言板可让用户直接在网站上留言。从技术层面上来看，留言板的实现实质就是对网站后台数据库的"读"与"写"的处理：当用户在线填写留言信息后，留言将被"写"入数据库中；当用户浏览留言内容时，留言内容将从数据库中"读"出来。

通过以上的任务，学生可以了解商务网站留言板功能模块在设计过程中的要点及注意事项，熟悉相应的方法和技巧。

思考题

1. 请思考用户留言的详细流程。
2. 比较用户留言功能与新闻功能的异同点。

项目知识梳理与总结

1. 在网站中，网站计数器是一个常见的功能。在制作过程中，应把握好本年总人数、本月总人数、今天总人数、当前在线总人数等统计数据处理功能的实现，掌握相关功能实现的要点、技巧和注意的地方。

2. 一个简易留言系统分为用户留言、显示留言两大部分。从技术层面上来看，用户留言是一个"写"的过程，而显示留言是一个"读"的过程。在具体制作的过程中，应掌握留言添加、留言管理及留言删除功能的制作。

项目八

商务网站的发布与管理

实训目的

　　掌握申请域名和空间的过程与方法，了解虚拟主机技术，了解 ASP 的安全隐患及防范措施；了解 FTP 的功能，掌握 FTP 发布个人网站的方法。

　　实训重点： 申请域名和空间的过程与方法。

　　学习难点： 利用 FTP 发布个人网站的方法。

项目导航

　　通过前面的学习，我们已经成功开发出了一个电子商务网站。但开发之后，还需将站点发布到 Internet，供其他网络用户浏览和使用；同时，还应做好网站的维护与推广工作。本项目要求完成"浙江吴越商贸机械有限公司"网站开发的后续工作，这些工作主要包括域名注册和空间申请、电子商务站点发布与管理。

任务一　域名注册和空间申请

任务引出

　　任何关于网络的产品和服务，都需要通过固定的网站将自己的产品和服务推广出去，而要在 Internet 上建立自己固定的网站，首先要做的就是申请域名和网站空间。域名如同商标，是网站在 Internet 上的标志之一，域名由国际域名管理组织或国内的相关机构统一管理，国内很多网络服务提供商都可以代理域名注册服务。

网站必须存放在服务器上才能被访问，在没有拥有独立服务器的情况下，网站用户需要向网络服务提供商申请服务器使用空间。在网站制作、调试完成之后，就需要着手为自己的网站发布到网络上做准备，此时就需要进行域名和空间的申请。

在本任务中，要求为电子商务网站完成域名注册和空间申请工作。

作品预览

在互联网服务提供商网站上成功申请了域名与空间后，申请者将获得域名成功注册证书，如图 8-1 所示，以及网站空间的基本信息，如图 8-2 所示。

图 8-1　域名成功注册证书

图 8-2　服务器网站空间信息

实践操作

1．申请域名

（1）进入万网首页，单击"域名服务"按钮，在打开的页面中选择需要的域名服务，如图 8-3 所示。

（2）在搜索框中，输入想要注册的域名，如"zjjato"，单击"查域名"按钮，就可以搜索出来可以注册的域名，如图 8-4 所示。

（3）选择"zjjato"域名，单击"加入清单"按钮，再单击右侧"域名清单"中的"立即结算"按钮，如图 8-5 所示，弹出所选域名的订单确认界面，如图 8-6 所示。

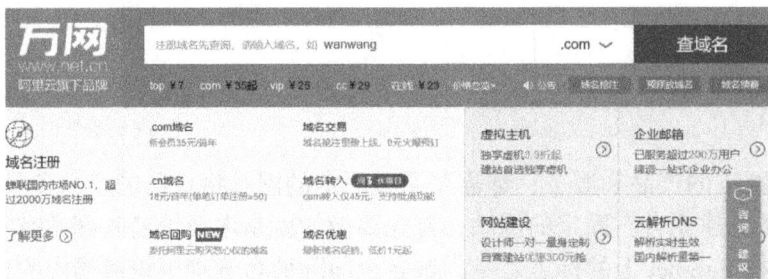

图 8-3　域名服务

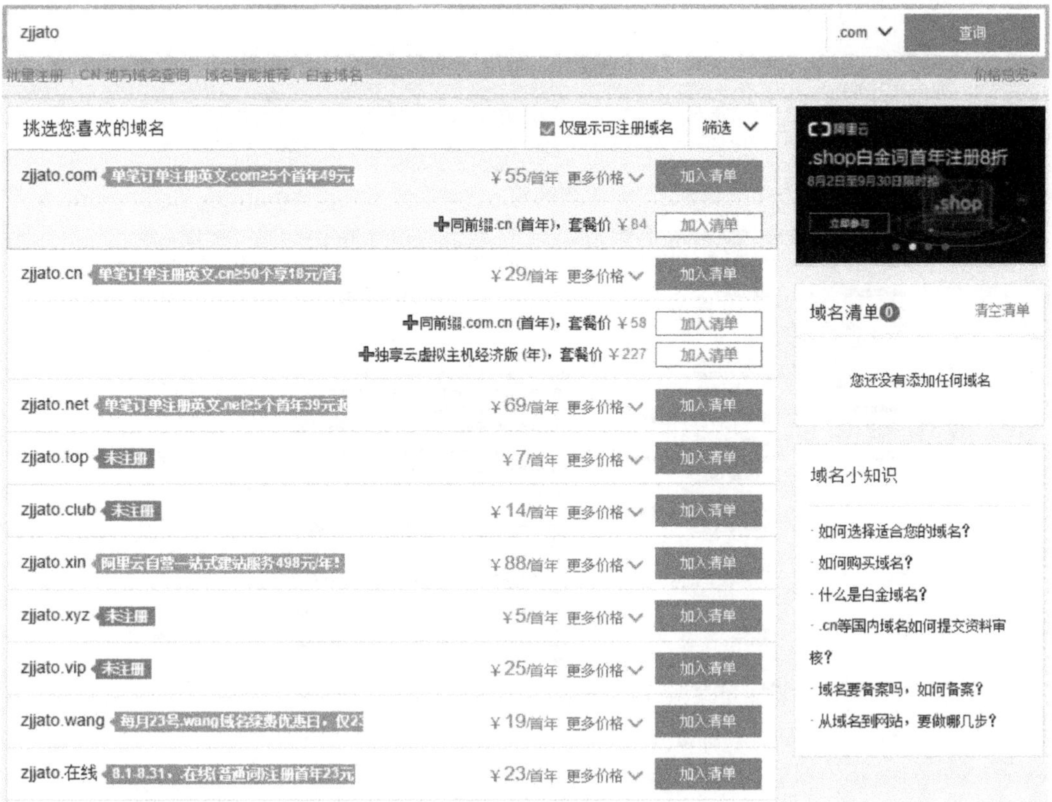

图 8-4　可以注册的域名清单

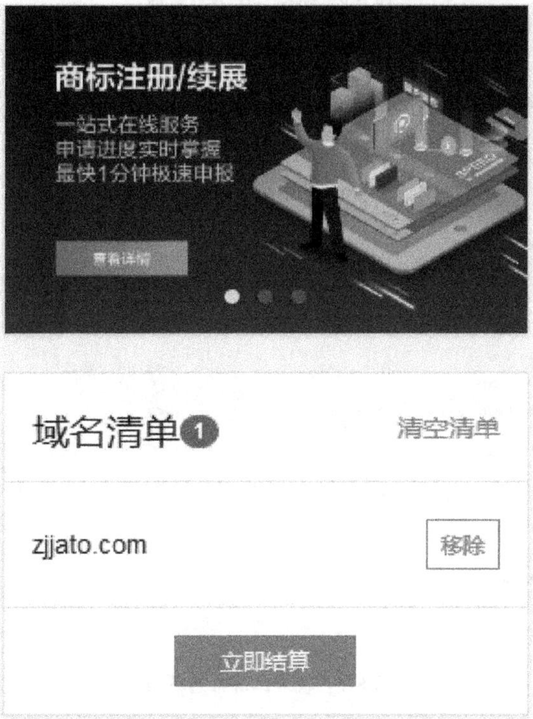

图 8-5　域名清单信息

图 8-6　域名订单确认界面

（4）单击"立即购买"按钮，弹出注册信息，按照注册列表填写信息。单击"确定"按钮后进入域名注册信息界面，按照信息要求填写相关信息项，如图 8-7 所示。

图 8-7　域名注册信息界面

（5）确定所填写的申请信息后就进入付费界面，如图 8-8 所示。按照所申请的服务付费后，在相应时间内所申请的域名就会生效。

图 8-8　付费界面

注意事项：

下面介绍 2010 年以后域名注册最新政策及申请域名需要注意的问题。

（1）cn 系列域名目前只限企业注册，禁止个人注册。

（2）企业注册必须具备以下几个条件：

①向域名专员索取 cn 域名申请表，填写后发给域名专员，域名专员审核后，再发送给客户，客户需打印并盖章（公司章），然后将扫描件传给域名专员。

②向域名专员提供公司营业执照、机构代码证、法人身份证的扫描件。

③域名专员帮你申请 cn 域名，并把这些信息提交到万网或者新网，审核成功期限为3 天。

④审核成功后，可以登录你的会员中心管理并解析自己的 cn 域名。

⑤全国任何域名提供商都必须严格遵守此项规定。

cn 系列域名包括（ .cn / .com.cn / .net.cn / org.cn ）等以 cn 结尾的相关域名。

除 cn 域名系列之外的所有域名如（ .com / .net / .org ）等，这些客户均可以自主在平台上注册，不需要提供相关证件，但必须保证域名信息的真实性，不得用域名做违反国内法律的相关站点。

2. 申请网站空间的步骤

网站空间的申请同域名申请一样，也是通过 3 个步骤来进行的：进入服务提供商的网站选择虚拟主机服务，根据需要选择申请空间大小及填写申请信息，付费开通。下面以万网（http://www.net.cn）为例介绍如何申请网站空间。

（1）进入万网首页，打开"主机服务"菜单，选择需要申请的虚拟主机，如图 8-9 所示。

（2）鼠标移到"独享云虚拟主机"界面，选择"独享基础版"服务，单击下面的"立即购买"按钮，如图 8-10 所示，弹出所申请虚拟主机的服务说明列表，如图 8-11 所示。

主机服务

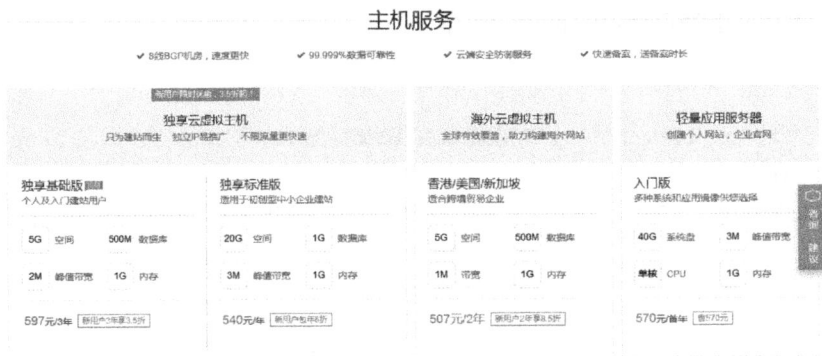

图 8-9 主机服务界面

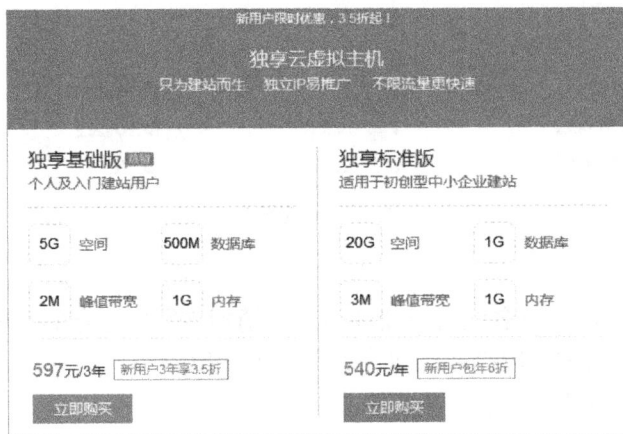

图 8-10 选择云虚拟主机类型

图 8-11 云虚拟主机服务说明

（3）选择完毕后，单击图 8-11 右侧的"立即购买"按钮就进入云虚拟主机的订单确认界面，如图 8-12 所示。按照所申请的服务费用付费后，在相应时间内所申请的网站空间就会生效。

图 8-12 云虚拟主机订单确认

（4）单击图 8-12 下方的"立即购买"按钮就进入云虚拟主机的订单支付界面，如图 8-13 所示。按照所申请的服务费用付费后，在相应时间内所申请的网站空间就会生效。

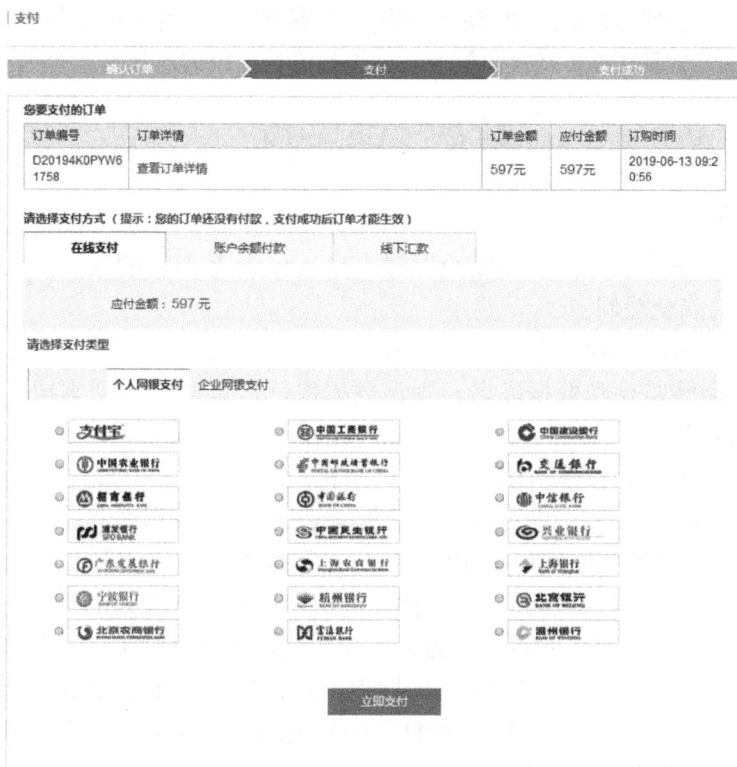

图 8-13 支付界面

问题探究：虚拟主机技术

虚拟主机技术是使用特殊的软硬件技术，把一台真实的物理计算机主机分割成多个逻辑存储单元，每个逻辑存储单元都没有物理实体，但是每一个物理单元都能像真实的物理主机一样在网络上工作，具有单独的域名、IP 地址（或共享的 IP 地址）及完整的 Internet 服务器功能。

虚拟主机的关键技术在于，即使在同一台硬件、同一个操作系统上，运行着为多个用户打开的不同的服务器程式，互不干扰。而各个用户拥有自己的一部分系统资源（IP 地址、文档存储空间、内存、CPU 时间等）。虚拟主机之间完全独立，在外界看来，每一台虚拟主机和一台单独的主机的表现完全相同。所以这种被虚拟化的逻辑主机被形象地称为"虚拟主机"。

虚拟主机技术的出现，是对 Internet 技术的重大贡献，是广大 Internet 用户的"福音"。由于多台虚拟主机共享一台真实主机的资源，每个用户承受的硬件费用、网络维护费用、通信线路的费用均大幅度降低，Internet 真正成为人人用得起的网络。现在，几乎所有的美国公司（包括一些家庭）均在网络上设立了自己的 Web 服务器，其中有相当的部分采用的是虚拟主机。

一台服务器上的不同虚拟主机是各自独立的，并由用户自行管理。但一台服务器主机只能够支持一定数量的虚拟主机，当超过这个数量时，用户将会感到性能急剧下降。

虚拟主机技术是互联网服务器采用的节省服务器硬件成本的技术，虚拟主机技术主要应用于 HTTP 服务，将一台服务器的某项或者全部服务内容逻辑划分为多个服务单位，对外表现为多个服务器，从而充分利用服务器硬件资源。如果是按系统级别划分的，则称为虚拟服务器。

知识拓展：ASP + Access 的安全隐患及对策

1. 安全隐患

ASP + Access 解决方案的主要安全隐患来自 Access 数据库的安全性，其次在于 ASP 网页设计过程中的安全漏洞。

（1）Access 数据库的存储隐患。在 ASP + Access 应用系统中，如果获得或者猜到 Access 数据库的存储路径和数据库名，则该数据库就可以被下载到本地。例如：对于网上书店的 Access 数据库，人们一般命名为 book.mdb、store.mdb 等，而存储的路径一般为 "URL/database" 或干脆放在根目录（"URL/"）下。这样，只要在浏览器地址栏中输入地址 "URL/database/store.mdb"，就可以轻易地把 store.mdb 下载到本地的机器中。

（2）Access 数据库的解密隐患。由于 Access 数据库的加密机制非常简单，所以即使数据库设置了密码，解密也很容易。该数据库系统通过将用户输入的密码与某一固定密钥进行异或来形成一个加密串，并将其存储在 *.mdb 文件中的从地址 "& H42" 开始的区域内。由于异或操作的特点是"经过两次异或就恢复原值"，因此，用这一密钥与 *.mdb 文件中的加密串进行第二次异或操作，就可以轻松地得到 Access 数据库的密码。基于这种原理，可以很容易地编制出解密程序。

由此可见，无论是否设置了数据库密码，只要数据库被下载，其信息就没有任何安全性可言。

（3）源代码的安全隐患。由于 ASP 程序采用的是非编译性语言，这大大降低了程序源代码的安全性。任何人只要进入站点，就可以获得源代码，从而造成 ASP 应用程序源代码的泄露。

（4）程序设计中的安全隐患。ASP 代码利用表单（form）实现与用户交互的功能，而相应的内容会反映在浏览器的地址栏中，如果不采用适当的安全措施，只要记下这些内容，就可以绕过验证过程直接进入某一页面。例如：在浏览器中输入"……page.asp?x=1"，即可不经过表单页面直接进入满足"x=1"条件的页面。因此，在设计验证或注册页面时，必须采取特殊措施来避免此类问题的发生。

2. 对策

由于 Access 数据库加密机制过于简单，因此，如何有效地防止 Access 数据库文件被下载，就成了提高 ASP + Access 解决方案安全性的重中之重。

（1）非常规命名法。防止数据库被找到的简便方法是为 Access 数据库文件起一个复杂的非常规名字，并把它存放在多层目录下。例如：数据库文件取名为 faq19jhsvzbal.mdb，再把它放在诸如 ./akkjj16t/kjhgb661/acd/avccx55 之类的深层目录下。这样，对于一些通过猜的方式得到 Access 数据库文件名的非法访问方法起到了有效的阻止作用。

（2）使用 ODBC 数据源。在 ASP 程序设计中，应尽量使用 ODBC 数据源，不要把数据库名直接写在程序中，否则，数据库名将随 ASP 源代码的失密而一同失密。

为有效地防止 ASP 源代码泄露，可以对 ASP 页面进行加密。一般有两种方法对 ASP 页面进行加密：一种是使用组件技术将编程逻辑封装入 DLL 之中；另一种是使用微软的 Script Encoder 对 ASP 页面进行加密。使用组件技术存在的主要问题是每段代码均需组件化，操作比较烦琐，工作量较大。而使用 Script Encoder 对 ASP 页面进行加密，操作简单、收效良好。

小　结

域名代表着企业在网上的一个形象，是企业的无形资产。在建立好一个网站之后，给网站申请一个合适的域名至关重要。有了域名之后，必须给网站申请一个空间，这个空间必须是稳定的、安全的。因此，在申请域名空间时，建议最好不要选择免费的。通过本任务的学习，学生应掌握在互联网服务提供商网站上申请域名和空间的方法，了解虚拟主机技术，了解 ASP 的安全隐患及防范措施。

思考题

1. 给所建立的网站申请一个合适的域名。
2. 登录中国万网，查看其提供虚拟主机的类型，并根据实际情况，给所建立的网站申请一个域名空间。

任务二　发布、管理商务网站

任务引出

如果要在网上展示网站的内容，在申请了域名和空间之后，下一个重要的步骤也就是将网站上传，即网站发布。用户申请了一个空间之后，获得了用来放置网页的 FTP 服务器的地址、用户名及密码，接下来只需把文件用 FTP 工具软件上传至目录中即可。

本任务要求完成电子商务网站站点发布工作。

作品预览

通过 FTP 可以将网页发布到网上，具体的效果，如图 8-14 所示。

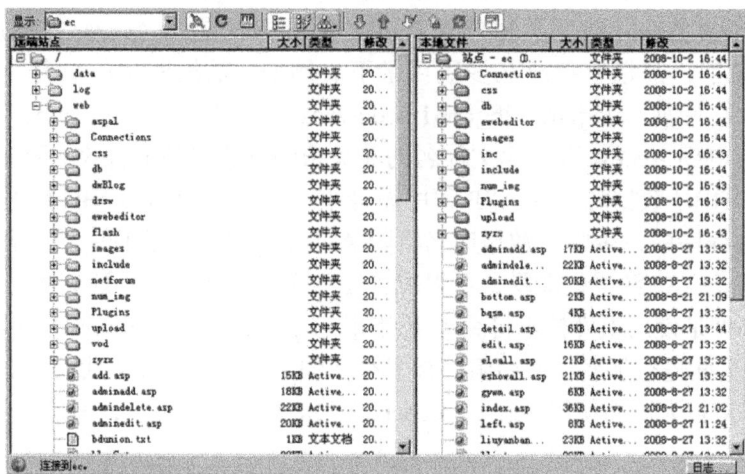

图 8-14　电子商务站点发布

实践操作

1. 安装与设置文件传输软件 CuteFTP

CuteFTP 软件有很多，各大软件下载网站都有，如华军软件园等；双击已经下载好的安装程序开始安装，一般按默认模式安装。

安装后输入已经注册好的站点名称、FTP 主机地址、账号等信息，再继续输入本地网页路径，最后完成设置。设置完成后整个结果，如图 8-15 所示。

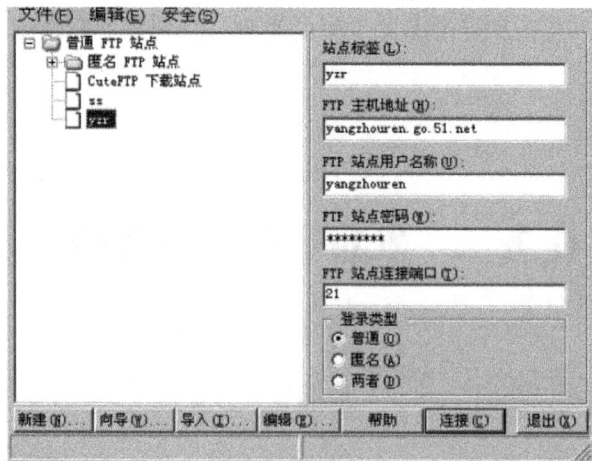

图 8-15　FTP 设置选项全貌

2. 上传网页

单击图 8-15 中的"连接"按钮，出现图 8-16 所示的工作窗口，该窗口总共分为 4 个部分，上部分显示连接信息，中左部分显示本地网页路径，中右部分显示远程虚拟主机路径，下部分显示上传或下载页面。

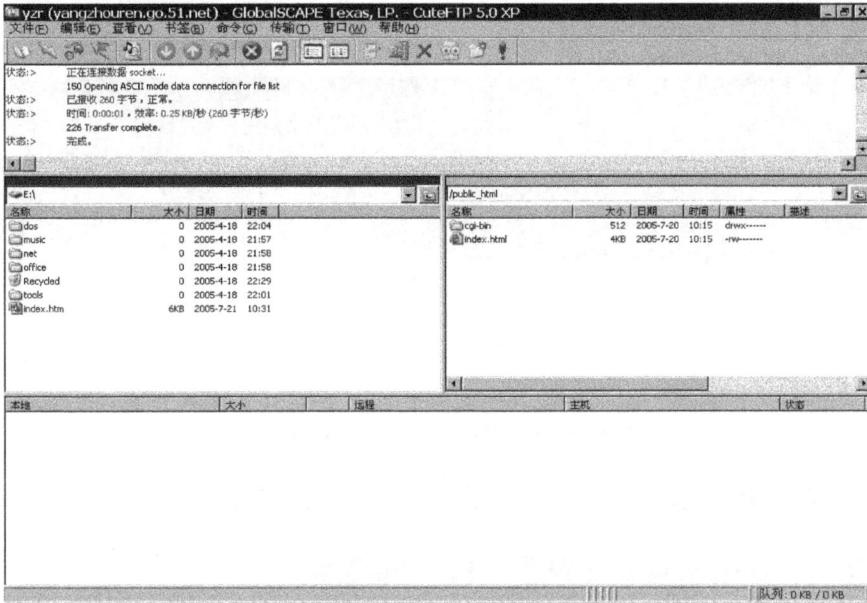

图 8-16　CuteFTP 工作窗口

在图 8-16 的中右部分有一个网页文件 index.html，这就是默认的网站页面的网页，将其删除，因为我们要上传自己制作的网页了。另外自己制作的网页的首页文件名是有严格规定的，一般是 index.htm 或 default.htm，具体请看申请的虚拟主机的帮助信息。

打开本地网页所在的文件夹，选择要上传的所有文件，右击，在弹出的快捷菜单中选择"上传"命令，如图 8-17 所示。上传结束后打开浏览器，输入虚拟主机名，就可浏览自己的网站了，如图 8-18 所示。

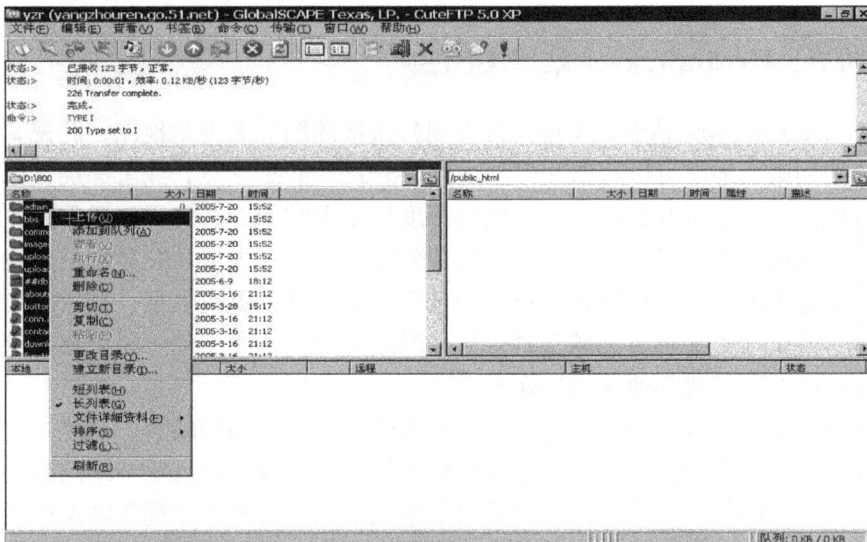

图 8-17　文件上传

图 8-18　浙江吴越商贸机械有限公司网站

以后要更新网页其实也很简单，只要将修改过的文件或新文件重新上传即可。

问题探究：Dreamweaver 站点 FTP 功能探究

Dreamweaver 提供有全面地用于管理文件及与远程服务器进行文件传输的功能，当用户在本地和远程站点之间传输文件时，Dreamweaver 会在这两个站点之间维持平行的文件和文件夹结构。

在这两个站点之间传输文件时，如果站点中不存在必需的文件夹，则 Dreamweaver 将自动创建这些文件夹，也可以实现在本地和远程站点之间同步文件；Dreamweaver 会根据需要在两个方向上复制文件，并且在适当的情况下删除不需要的文件。也就是说，Dreamweaver 本身拥有的 FTP 功能，可以快速实现本地站点与远程站点网页及时更新处理。

知识拓展：Dreamweaver 站点地图

如果将 Dreamweaver 站点的本地文件夹视作链接的图标的视觉地图，此视觉地图称为站点地图。使用站点地图可以将新文件添加到 Dreamweaver 站点，或者添加、修改、删除链接。站点地图是从主页开始显示两个级别深度的站点结构。它将页面显示为图标，并按在源代码中出现的顺序来显示链接。但是必须先定义站点的主页才能显示站点地图。站点的主页是视觉地图的起点，可以是站点中的任何页面。可以更改主页、显示的列数、图标标签、显示文件名还是显示页标题及是否显示隐藏文件和相关文件（相关文件是浏览器在加载主页时加载的图像或其他非 HTML 内容）。

在站点地图中，可以选择页、打开页进行编辑、向站点添加新页、创建文件之间的链接及更改页标题。站点地图是理想的站点结构布局工具，可以设置整个站点结构，然后创建站点地图的图解图像。但站点地图仅适用于本地站点。若要创建远程站点的地图，要将远程站点的内容复制到本地磁盘上的一个文件夹中，然后使用"管理站点"命令将该站点定义为本地站点。

小　结

发布网站是网站设计与建设的最终目的，是展示网站成果的最佳方式。在进行网站发布时可以利用多种工具实现，如各种的 FTP 工具软件和 Dreamweaver 自带的 FTP。当然网站发布之后并不是一劳永逸的，网站的内容还需要维护与更新。

通过本任务的学习，学生应了解 FTP 的功能，掌握用 FTP 工具软件在城域网上发布个人网站，并能测试和修改网站。

思考题

1. 设置 FTP 的参数，实现网站发布的功能。
2. 在 FTP 中下载网页，并更新网页的内容。

项目知识梳理与总结

（1）在网站制作、调试完成之后，就需要着手为自己的网站发布到网上做准备，此时就必须要进行域名和空间的申请。

（2）站点发布有多种方法，除可用 Dreamweaver 自带的 FTP 功能发布站点，我们还可借助 FlashFXP、LeapFTP、CuteFTP 等工具软件实现站点的发布。

附录　拓展视频资源

拓展视频资源集合 1

应聘信息功能后台页
面的制作 _1

应聘信息功能介绍及
效果演示

应聘信息功能前台页
面的设计

应聘信息功能数据表
的制作

应聘信息管理功能的
制作

应聘信息删除功能的
制作

招聘信息发布后台页
面的制作

招聘信息发布前台页
面的设计

招聘信息功能介绍及
效果演示

招聘信息管理页面的
制作

招聘信息删除页面的
制作

招聘信息数据表的
设计

拓展视频资源集合 2

ASP 简介

ASP 脚本语言与基本
语法

Connection 对像应用
方法

HTML 超连接的使用

Recordset 对像应用
方法

Request 对象应用方法　　　VBScript 介绍　　　表格标记　　　插入图片标记 -IMG-　　　导航菜单产品中心页面制作

导航菜单中招聘信息页面制作　　　设计数据库连接页面（conn.asp）　　　首页图片轮换效果的制作　　　网页与网站　　　网站的建设流程

网站的种类与特点　　　网站首页公司简介制作　　　网站首页及导航菜单新闻动态功能制作　　　网站首页图片滚动效果的制作

拓展视频资源集合 3

订单查看页面的制作过程 (orderck.asp)　　　订单功能介绍及效果演示　　　订单管理页面的制作过程 (ordergl.asp)　　　订单删除页面的制作过程 (ordersc.asp)　　　在线订单后台页面的制作 (order1.asp)

在线订单前台页面的设计 (order.asp)　　　在线订单数据表的设计

参 考 文 献

1. 何新起，娄彦杰. 网站设计开发维护推广从入门到精通［M］. 北京：人民邮电出版社，2016.

2. 刘龙显. ASP 网站建设项目教程［M］. 北京：机械工业出版社，2014.

3. 陈益材. Dreamweaver CC+ASP 动态网站开发从入门到精通［M］. 北京：机械工业出版社，2015.

4. 李军，黄宪通，李慧. ASP 动态网页制作教程.［M］. 2 版. 北京：人民邮电出版社，2012.

5. 陈绿春. Dreamweaver+ASP 动态网页开发课堂实录［M］. 北京：清华大学出版社，2016.

6. "全国高职业教育计算机系列规划教材" 丛书编委会 .ASP 站项目开发与案例教程［M］. 北京：电子工业出版社，2011.

7. 未来科技. 中文版 Dreamweaver CC 网页制作从入门到精通［M］. 北京：中国水利水电出版社，2017.

8. 传智播客高教产品研发部. HTML5+CSS3 网站设计基础教程［M］. 北京：人民邮电出版社，2016.